ÍNDICE

CARLOS MICÓ TONDA

LA PIEL
DE LAS
CEBRAS

HISTORIAS FABULOSAS
DE LA FAUNA AFRICANA

Serendipia

© 2025, Carlos Micó Tonda
© 2025, Serendipia Editorial

Una edición de:
Serendipia Editorial S.L.
www.serendipiaeditorial.com
serendipia@serendipiaeditorial.com

Diseño y maquetación:
Las Ideas del Ático

Producción e impresión:
Las Ideas del Ático

ISBN: 979-13-87661-21-2
Depósito legal: CR 981-2025

Primera edición en castellano:
Serendipia Editorial, noviembre de 2025

Impreso en España

PRÓLOGO

Acabo de regresar de un viaje por gran parte de África; un viaje de aprendizaje, disfrute, conocimiento, espiritualidad y conservación. Un viaje evocador en el que me he encontrado cara a cara con los animales más emblemáticos del continente. Y todo este periplo extraordinario lo he podido vivir sin salir de casa, gracias al libro que ahora tienes entre manos.

Conocí a Carlos en Valencia. Llevaba meses enredado en la locura de crear la escultura de Escipión, un elefante de hierro y madera de 18 toneladas, cuando recibí su llamada invitándome a tomar una cerveza. Reencontrarme con él, después de tantas horas metido en el taller de cerrajería El Puerto, donde levantamos la escultura, me recargó de energía. Con su aspecto de pirata ilustrado y su sonrisa contagiosa descubrí a una persona apasionada, con la que compartía infinidad de intereses. Hablamos de viajes, de buceo, de animales, de tiburones, de libros… y de África. Desde aquel primer día, bajo la sombra de una falsa acacia y con unas cervezas frías de por medio, supe que había encontrado un nuevo amigo. Y también supe que escucharía muchas veces sus andanzas, siempre capaces de despertar mi admiración y mi envidia a partes iguales.

Desde entonces, Carlos ha viajado por medio mundo, enredándose en aventuras que siempre han tenido un trasfondo de conservación, de amor y respeto por la naturaleza. Y, entre todos esos viajes, no sorprende que los realizados a diferentes países africanos le hayan marcado de manera especial. Allí ha tenido encuentros con animales fascinantes y con gentes tan auténticas como solo un africano puede serlo. Ha vivido aventuras que te hacen sentir vivo y te vuelven para siempre alérgico a la rutina.

Muchos de esos encuentros y vivencias son la esencia de este libro. Y aunque bastarían por sí solos para atraparnos, Carlos va más allá: adereza sus experiencias con los relatos históricos de los primeros viajeros que llegaron a esas tierras, los pioneros no nativos que se toparon con esos mismos animales fabulosos y los interpretaron con los escasos conocimientos de su tiempo. Así, al relato del viaje, la biología y las costumbres de las especies, se suman leyendas, mitos y testimonios de exploradores legendarios.

No solo acompañaremos a Carlos en sus aventuras: navegaremos con Hannón en busca de las mujeres peludas que arañan, rastrearemos dinosaurios en el corazón de la cuenca del Congo y exploraremos la selva con el gran H. M. Stanley en busca de un extraño animal rayado. Si mezcláramos a Konrad Lorenz, Willy Ley, Herbert Wendt y Charles Darwin con Stanley, Thomson, Nigel Barley y Gerald Durrell, el resultado sería un cóctel perfecto que podríamos bautizar como *La Piel de las cebras*. ¿Alguien puede imaginar mejores ingredientes para un libro?

Para quienes estamos atrapados por la llamada de África, que hemos sentido el embrujo de sus paisajes, animales y gentes, este libro despierta alegría, ansiedad y nostalgia. A quienes aún no han tenido la fortuna de ir, les provocará unas irresistibles ganas de poner remedio a semejante ausencia. Y a los amantes del viaje, del nomadeo, de reconectar con esa parte de cazador-recolector que llevamos dentro, *La Piel de las cebras* les hará recorrer paisajes lejanos y vivir inolvidables encuentros con una naturaleza que, milagrosamente, aún permanece libre y salvaje.

Disfruten del camino. Bienvenidos a África.

Fernando González Sitges

INTRODUCCIÓN

En África lo humano y lo animal se fusionan continuamente. La riqueza cultural del continente no solo se expresa en sus lenguas, músicas y rituales, sino también en el profundo simbolismo atribuido a los animales que habitan sus vastos ecosistemas. Desde tiempos ancestrales, los pueblos africanos han visto en cada criatura un reflejo de fuerzas espirituales, cualidades humanas y vínculos con los antepasados.

Los animales salvajes han sido maestros y mediadores entre lo humano y lo divino. Sus huellas inspiran proverbios, sus comportamientos se convierten en metáforas morales, y su presencia en los mitos recuerda a las comunidades la necesidad de mantener el equilibrio con el entorno natural. Así, la simbología animal en África no es un ornamento cultural, sino un tejido vivo de espiritualidad, conocimiento ecológico y tradición oral que todavía hoy influye en las cosmovisiones de numerosos pueblos del continente.

En las siguientes páginas se ha pretendido profundizar en aspectos desconocidos de animales que sí que conocemos, esas criaturas que constituyen el objetivo principal de los safaris. Paralelamente, se recogen historias de otros seres mucho más esquivos —pero no por ello menos fascinantes—, aderezados con encuentros inolvidables que el autor tuvo en varios países africanos con los protagonistas de cada capítulo.

Con independencia del uso que se le quiera dar a la presente obra, ya sea como heterodoxa guía de campo, libro de viajes o simple entretenimiento, su objetivo no es otro que transmitir la

importancia de conservar, de una manera efectiva, una naturaleza tan hermosa como amenazada y necesaria. Y para hacerlo, como quedará patente en los sucesivos capítulos, es imperativo el concurso de los propios africanos.

"Safari njema".

1

SANGRE Y SUDOR

Imagine estar en la cama durmiendo plácidamente y que su sueño se vea interrumpido por el inquietante sonido de unos pasos extraños. Estos se acercan más y más hasta que a sus pies se yergue un monstruo de más de una tonelada de peso y aterradores colmillos de 50 centímetros cuya respiración logra despeinarle.

Tan aterradora escena ocurrió durante mi primera acampada en África.

Un sol moribundo anunciaba el final de nuestra jornada de safari. La noche que siguió era tan cerrada que parecía tragarse la luz de las estrellas. Después de cenar, el fuego del campamento había quedado reducido a brasas anaranjadas que apenas conseguían dibujar sombras temblorosas en la tela de nuestras pequeñas tiendas.

De pronto, un sonido rompió la quietud: ramas quebrándose anunciaban unos pasos pesados y húmedos. Entonces apareció. Entre la espesura dos ojos brillaron reflejando la poca luz del fuego como carbones encendidos. La tenue luz de la luna reveló una enorme figura, oscura y de piel reluciente. Una mole silenciosa avanzaba sin prisa, sabedora de su poder. Un magnífico hipopótamo había venido a pastar a nuestro campamento.

Manteniendo la distancia, escudriñamos la penumbra en busca de más. Por fortuna, el animal estaba solo y se mostraba totalmente tranquilo en nuestra presencia e indiferente ante nuestra expectación. Pese a todo, no convenía subestimarlo. Tras el aspecto rechoncho y torpe del hipopótamo, se oculta un animal potencialmente agresivo, armado de monstruosos dientes capaces de partir por la mitad a los cocodrilos con los que comparten los lagos y ríos africanos. Si a esto añadimos una inverosímil agilidad, capaz de alcanzar los 45 kilómetros por hora en tierra, tenemos como resultado una bestia capaz de poner nervioso al más osado.

El grupo reía, aplaudía y bailaba. Yo, sin embargo, no compartía su entusiasmo. Tenía serias dudas sobre lo conveniente de tener semejante bestia deambulando por el lugar donde debíamos dormir. Pese a mis reservas, lo cierto es que nuestro visitante se estaba alejando, sesgando la hierba a su paso cual potente podadora hasta que desapareció.

Mientras todos comentaban lo ocurrido, no podía evitar pensar que el paseo nocturno de nuestro grueso amigo no había acabado. Cuando los hipopótamos salen a pastar, suelen utilizar senderos abiertos previamente por sus congéneres o por ellos mismos; es decir, que en algún momento de la noche, el solitario hipopótamo iba a volver sobre sus pasos y seguramente nosotros ya estaríamos en el interior de las tiendas, a su merced.

No comenté mis pensamientos con el grupo. La paz reinaba y el cansancio nos vencía. Volvimos a las tiendas y de manera casi automática caímos dormidos.

No sabría decir cuánto tiempo había transcurrido, cuando un resoplido me despertó. Cautelosamente encendí el frontal y agudicé el oído. Se oían el crujir de la hierba bajo unos pesados pasos y una gran boca tragando. Apenas me atrevía a respirar, pero no pude evitar sonreír. Allí estaba otra vez la poderosa bestia, enfrascada en su ruidosa tarea de comer hierba. Solo la fina tela de la tienda separaba su colosal boca de mi cabeza situada a ras de suelo. Estaba tan cerca que podía sentir el calor de su aliento, que olía a una extraña mezcla entre barro, hierba y sangre. Poco podía hacer al margen de quedarme quieto y confiar en que, como había hecho antes, el hipopótamo se concentrara en saciar su glotonería e ignorara nuestras tiendas. Poco a poco, los pasos se fueron alejando hasta desaparecer, esta vez definitivamente. El corazón se me iba a salir por la boca y el sudor me empapaba. Analizando lo ocurrido, traté de tranquilizarme. A decir verdad, para ser mi primera experiencia con hipopótamos salvajes, aquella era francamente difícil de superar.

Al alba, unas huellas delataban el camino seguido por el visitante nocturno. Había accedido al campamento remontando una empinada cuesta cubierta de maleza que parecía imposible de ascender para un animal que supera la tonelada de peso.

Durante el safari que llevamos a cabo por la mañana tuvimos la oportunidad de observar numerosas manadas de estos animales en su medio acuático. En la sociedad de los hipopótamos, un macho dominante controla los tramos de río y monopoliza los derechos de apareamiento sobre las hembras que en él se puedan encontrar. Es en el agua cuando más peligrosos resultan. Tanto machos como hembras, especialmente si estas tienen crías, son extremadamente territoriales. Y tienen buenas razones para serlo; en el agua les va la vida.

⚆⚆ KIBOKO NO COME PECES

Esta dependencia acuática se debe a su piel, extremadamente sensible al plomizo sol africano. Es por ello que pasan casi todo el día sumergidos, saliendo del agua al anochecer para alimentarse. En su forrajeo nocturno pueden llegar a consumir cerca de 40 kilos de pasto. También aprovechan sus paseos fuera del agua para marcar sus territorios de la manera menos decorosa que pueda imaginarse: usando su pequeña cola a modo de ventilador, esparcen sus excrementos por las zonas que desean marcar como suyas. Su estiércol también forma parte de una transacción que los hipopótamos mantienen con los barbos con los que comparten el agua desde el inicio de los tiempos. Los hipopótamos proporcionan alimento a estos peces cuando defecan en el agua. A cambio, los barbos eliminan los parásitos de la piel y dientes de sus benefactores. Sobre este comportamiento, hay una hermosa leyenda swahili[1]:

«Cuando el Creador asignó a cada criatura un lugar donde vivir, solamente faltaba decidir el destino de tres gigantes: Tembo el elefante, Faru el rinoceronte y Kiboko el hipopótamo. Dado su tamaño y apetito, el Creador los envió a la sabana. Al cabo de pocos días, abrasado por el sol y acosado por los mosquitos, Kiboko se presentó ante el Creador y le dijo:

—Padre, el sol quema demasiado. El agua me libraría de él y me defendería de los mosquitos. Por favor, ¡envíame a vivir a los ríos y lagos!

1.- Término derivado del árabe *sawāhil* (costas) aplicado a los habitantes de la costa de África Oriental dependientes del antiguo Sultanato de Omán entre 1698 y 1856; así como a la lengua bantú de fuerte influencia árabe hablada en esa parte del continente.

—No, Kiboko. En el agua acabarás con todos mis peces —dijo el Creador.

Y Kiboko respondió:

—Te prometo, Padre, que no probaré un solo pez. Saldré cada noche para alimentarme de la hierba de las praderas. Para demostrarte que cumplo con mi palabra, cada vez que defeque pulverizaré mis excrementos para que veas que en ellos no hay ni espinas ni escamas.

Complacido, el Creador sentenció:

—Si es así, Kiboko, si siempre cumples tu promesa, te dejaré vivir en los ríos y en los lagos de África.»

◈ ¿CABALLO DE RÍO O BALLENA DE TIERRA?

Para los egipcios, el hipopótamo era la encarnación de Taurt, la diosa protectora de las embarazadas. Para los griegos, en cambio, era un rompecabezas al que no sabían cómo nombrar. Para ser una civilización que destacó en filosofía, artes o política, lo cierto es que, en lo referente a nombrar animales, no puede decirse que los sabios helenos se complicaran demasiado. Así, bautizaron a la criatura simplemente como *hipo-* (caballo) *-potamos* (de río).

Hasta mediados de los años 80 del pasado siglo, los paleontólogos pensaban que estos animales eran parientes de los cerdos. Sin embargo, recientes descubrimientos han demostrado que los hipopótamos compartieron un ancestro común con las modernas ballenas. Ambos poseen rasgos comunes, como huesos gruesos que les permiten reducir el esfuerzo a la hora de sumergirse o una capa de grasa aislante entre los músculos y la piel. Tanto ballenas como hipopótamos carecen de glándulas sudoríparas, sus crías pueden mamar bajo el agua y gran parte de su comunicación es subacuática. A los hipopótamos les gusta de dormir en el agua, donde se sienten más seguros. Para hacerlo suelen elegir aguas poco profundas en las que hagan pie. Pero si se sumergen, aunque pueden aguantar la respiración cinco minutos, salen a respirar sin interrumpir el sueño gracias a un reflejo muy similar al que poseen los cetáceos. Esta adaptación común les permite descansar bajo el agua con medio cerebro dormido y el otro en una especie de piloto automático que les recuerda que deben respirar.

Por lo tanto, a la luz de estas similitudes, parece que en lugar de *caballo de río*, un nombre más apropiado para este rey de los ríos africanos debiera ser *ballena de tierra*. Quizás estos antiguos vínculos con los mamíferos marinos expliquen el curioso comportamiento de los célebres hipopótamos surfistas de Loango. En este mágico lugar de la costa de Gabón, donde la selva y el Atlántico se encuentran, puede sorprenderse a hipopótamos solitarios o madres con sus crías disfrutando de un relajante baño entre las olas del océano.

CREMA SOLAR, UN SUBMARINO Y MÁRFIL

Permanecer fuera del agua durante el día resulta peligroso para estos colosos. Si su piel se reseca demasiado, su cuerpo se cubre de una sustancia viscosa de color rojo. Tan curiosa característica hizo pensar a los antiguos exploradores que estos animales sudaban sangre. Pero no es sangre lo que excretan, sino una suerte de crema solar que lubrica y protege su delicada dermis de los nocivos rayos solares.

Aunque precisan del agua para vivir, resulta inverosímil descubrir que, entre las habilidades de los hipopótamos, no se encuentra la de nadar. Cuando se hallan en aguas profundas, los adultos se desplazan por el fondo trotando sobre las puntas de sus patas ligeramente palmeadas como la de los patos. Las crías, por su parte, poseen un poco de flotabilidad que irán perdiendo a medida que crezcan y aumenten de tamaño.

Mientras explicaba estas cosas a un grupo de viajeros frente a una poza atestada de estos animales, de vez en cuando un gran ejemplar bostezaba mostrando su terrorífica dentadura. Para alojar los grandes colmillos en la mandíbula superior, los machos presentan sendas protuberancias cerca de las narinas que ayudan a diferenciarlos de las hembras. Estas son las principales armas empleadas en los combates territoriales. Esos mismos dientes se cobran cada año la vida de una media de 500 personas en toda África, a mucha distancia de cualquier otro animal africano a excepción del mosquito transmisor de la malaria.

🐾 LA LLAMADA DE LA CARNE

Por si los hipopótamos brindaran pocas sorpresas, en 1998 se reportó la primera observación científica de un hipopótamo carnívoro. Según parece, un impala que escapaba de los perros salvajes buscó refugio en el agua pensando que allí estaría a salvo. El pobre infeliz no contaba con el gran macho de hipopótamo que observaba la escena y que finalmente se convirtió en su verdugo. Tras la matanza, se observó a diez hipopótamos diferentes comer del cadáver. El año siguiente, se observó en el río Shire de Malawi el primer caso de canibalismo donde un ejemplar se alimentaba del cuerpo de un macho muerto durante una pelea. Este comportamiento, más común de lo que se pensaba, supone un problema ya que parece estar detrás de los brotes de ántrax que periódicamente golpean a estos animales y que ponen en riesgo también a los pescadores que no tienen más remedio que convivir con estos peligrosos vegetarianos.

⚘ HERMANO PEQUEÑO

El hipopótamo es un animal por todos conocido, aunque muchos aspectos de su biología resulten sorprendentes. Sin embargo, pocos saben que en las selvas ecuatoriales de África occidental vive un hermano pequeño, casi desconocido, que eludió a la ciencia hasta 1840.

Se desconoce prácticamente todo del hipopótamo pigmeo. Se sabe que es bastante más pequeño y solitario que el hipopótamo común y también menos acuático. Al vivir en la espesura, su piel no resulta tan vulnerable al sol, aunque también segregan su propia crema solar. Su dieta es más variada, componiéndose de hojas, raíces y frutas y, al contrario que su hermano mayor, paren fuera del agua. Con una población que no supera los 3000 individuos y un hábitat cada vez más reducido, su existencia corre peligro. Por ello, la cría en cautividad resulta fundamental para garantizar su supervivencia. Por fortuna, se trata de una especie que se reproduce bien en cautividad. Pero hay un problema: el 60% de las crías nacidas en zoos son hembras. Para garantizar la viabilidad genética de la población en cautividad y que esta pueda producir animales para la reintroducción, se están llevando a cabo estudios para averiguar cuál puede ser la causa de este fenómeno al tiempo que se intenta averiguar si también se da en la naturaleza.

Desde aquella primera acampada africana ha habido muchas más. He intentado en repetidas ocasiones volver a vivir ese mágico instante entre lo salvaje y lo humano en selvas, sabanas y desiertos. Si bien es cierto que he vivido noches memorables en el continente, lo cierto es que nunca se repitió la sacralidad de ese primer encuentro.

Es como si África me hubiera regalado parte de su magia para atraparme para siempre en su hechizo. Lo consiguió.

2
EL GUERRERO DEL KALAHARI

Avanzábamos por carretera flanqueados por grandes termiteros que, a la luz del atardecer, dibujaban un paisaje de belleza marciana. Resultaba hipnótico observar la estampa por la ventanilla del 4x4 mientras las señales que alertaban del peligro de fauna cruzando la vía se sucedían a cada kilómetro. Un grupo de impalas de cara negra y un macho solitario de kudú, con sus enormes cuernos en forma de espiral, captaron la atención de todo el grupo y acrecentaron nuestra excitación. Animados, seguimos la ruta mientras la noche se iba imponiendo. De pronto, un pequeño animal negro y con el lomo completamente plateado cruzó trotando por la llanura con la altivez de un caniche que participa en concursos de belleza canina.

La mayoría de viajeros obvian a las pequeñas criaturas del continente cuando, en muchas ocasiones, resultan igual o más interesantes que los colosos. Este era uno de esos casos. Había leído sobre aquel animal de niño y nunca pensé que tendría la fortuna de ver uno en su hábitat ya que, aunque relativamente común, se trata de una criatura sumamente escurridiza.

Aquel animalillo de aspecto simpático y juguetón ocultaba en realidad una fiera dura y combativa como pocas y cuya fama le precedía. Tanto es así que el ejército sudafricano puso su nombre a su vehículo acorazado más potente. En 2002, el libro *Guinness*

lo reconoció como el animal más temible y en el 2009 la revista *Scientific American* lo nombró el mamífero terrestre más agresivo del mundo. Por todo el continente se cuentan historias de ejemplares que han castrado a mordiscos a ñus, búfalos y leones. Y según la leyenda, si un hombre recibe un mordisco suyo en cualquier parte de su anatomía, quedará estéril. Documentada está su tendencia a dirigir sus ataques a la entrepierna de aquellos que osan incomodarle.

Se trataba de un ratel. Miembro de la familia de los mustélidos, fieros guerreros con aspecto de peluche. Integrantes de esta banda de matones son animalitos tan adorables como el tejón o la nutria. Todos ellos poseen dientes puntiagudos, duras garras y un temperamento a prueba de bombas. Según parece, a los holandeses establecidos en Sudáfrica el sonido que hace este animal cuando se enfada debió recordarles a un sonajero —*rattle* en holandés—. Posteriormente, en *Afrikaans* se acuñó la expresión «*so taai soos n ratel*» que significa «ser duro como un ratel».

Más le vale al pequeño ratel ser duro. De todos los mustélidos, él es el que tiene que enfrentarse a las mayores amenazas. Hienas, leones o serpientes venenosas forman parte de su día a día, especialmente en el Kalahari donde es más abundante. Su naturaleza intrépida no solo le permite vencer a sus numerosos enemigos, sino también explotar valiosas fuentes de alimento por lo general vetadas al resto de animales. Semejante valor es un atributo de lo más deseable. Ello ha generado un comercio clandestino de carne de ratel destinado al consumo ritual que permite a quien la ingiere absorber el vigor y el arrojo de la pequeña fiera.

⚡⚡ DULCE NÉCTAR DE LA VICTORIA

Uno de los alimentos favoritos de este guerrero del Kalahari es la miel, lo que le ha valido su nombre en inglés: tejón de la miel. Huelga decir que, para obtener el dulce néctar, hay que enfrentarse primero a las abejas que lo custodian. Y no se trata de cualquier tipo de abeja. El ratel debe superar a las abejas africanas, famosas por su furia y la potencia de su picadura.

Protegido por su duro pelaje, soporta con increíble estoicismo las incontables picaduras de sus enfurecidas víctimas. Pero no solo es miel lo que busca el ratel; el premio gordo son las rollizas larvas ricas en proteínas, lo que implica la completa destrucción de la colmena.

La querencia del ratel por la miel no pasó inadvertida para los antiguos naturalistas. En el siglo XVIII, el naturalista sueco Anders Erikson Sparrman describió en uno de sus viajes por el sur de África la asociación entre el ratel y un aliado insospechado: el pájaro de la miel, también llamado con gran acierto «Indicador». Según Sparrman, el ave guiaba al ratel para que este abriera las colmenas y poder así obtener las larvas y huevos que, de otro modo, le resultarían inaccesibles. Aunque la alianza entre este pájaro y los humanos está ampliamente documentada y sigue vigente, la simbiosis con el ratel no estaba constatada científicamente y se pensaba que era una más de las muchas leyendas que rodean a la fauna africana. No obstante, en 2017 se publicó un estudio, de resultados inconcluyentes, llevado a cabo durante dos años en el que se estudiaron las reacciones de los pájaros de la miel ante la presencia de un ratel huérfano que vivía en un centro de recuperación. Las aves mostraron interés por el pequeño carnívoro, pero este no resultó ser reciproco ya que el joven huérfano no había tenido oportunidad de aprender de su madre las ventajas de cooperar con aquellos pajarillos que tan emocionados se mostraban ante su presencia. Por lo tanto, esta alianza sigue pendiente de confirmación.

Por desgracia, al ratel no solo le gusta la miel salvaje. Las colmenas de apicultura suponen una tentación irresistible, lo que le ha granjeado la enemistad de sus propietarios. No importa los ingenios que empleen los abnegados apicultores para evitar el saqueo; la inteligencia y el valor del pequeño ladrón siempre acaban por imponerse causando cuantiosas pérdidas económicas. A la larga, el conflicto se salda con el envenenamiento del ratel a manos de los dueños de las colmenas.

COMIDA PICANTE

Está claro que al ratel le gusta vivir al límite. Además de melívoro, también es ofiófago. Las serpientes venenosas constituyen hasta un cuarto de su dieta. Las especies a las que se enfrenta se encuentran entre las más venenosas del mundo, como la cobra del cabo, la más venenosa de todas las cobras; o la víbora bufadora. Los combates contra estos ofidios con terribles. En ellos, el ratel esquiva con habilidad los continuos embates de su rival hasta que logra alcanzar la cabeza, que arranca a dentelladas. Sin embargo, en ocasiones el ratel recibe mordeduras de sus presas y su potente veneno penetra en su cuerpo. Podría pensarse que esto condenaría al guerrero del Kalahari a una muerte segura, y en cierto modo, así es: cuando es envenenado, el ratel parece morir, pero al cabo de unos minutos se recompone, resucita y lo celebra dando buena cuenta de su peligrosa presa. Es algo realmente asombroso que un animal de apenas tres kilos pueda sobrevivir a mordeduras ponzoñosas de especies que podrían matar a un ser humano. Pero, ¿cómo lo hace? La respuesta está en su sangre. Análisis llevados a cabo con individuos cautivos mostraron que estos animales poseen unas proteínas capaces de neutralizar las neurotoxinas del veneno de las serpientes que impiden que los impulsos nerviosos del cerebro lleguen a los pulmones para llenarse de aire.

PLAN DE FUGA

Además de inmune al veneno y ávido ladrón, el ratel también es un experto en fugas. Los ejemplares que viven en cautividad o centros de recuperación son un auténtico quebradero de cabeza para sus cuidadores. Haciendo gala de una considerable inteligencia, analizan la situación e inventan la forma de escapar adaptándose a las restricciones puestas por los humanos, ya sea cavando túneles con las garras, apilando objetos por los que trepar o, incluso, abriendo cerrojos.

Aparte de sus dientes, largas garras y coraje sin límites, si el ratel se encuentra acorralado, posee un arma química que le permite zafarse del peligro. Al igual que sus parientes los turones, posee una glándula anal que produce un fluido fétido perceptible a 40 metros a la redonda y capaz de repeler a cualquier depredador.

Varios pinchazos en los neumáticos habían dado al traste con nuestro plan previsto para la jornada. Nos habíamos retrasado enormemente y la noche nos había alcanzado. Debíamos encontrar un lugar donde dormir y poder conseguir neumáticos nuevos o, al menos, de segunda mano. Encontramos un camping a las afueras de un pequeño pueblucho que, para nuestra salvación, contaba con taller mecánico. Todos estábamos bastante malhumorados por los incidentes del día, así que apenas cenamos y nos metimos en las tiendas hasta el día siguiente. A primera hora, tocaba probar suerte en el mecánico. Cuando a la mañana siguiente salí de la tienda, vi que el contenido de unos viejos bidones de gasolina reconvertidos en grandes papeleras había sido vaciado y diseminado por los alrededores. En la arena, había unas huellas y las llantas del coche estaban llenas de arañazos.

—Ha sido el ratel —dijo una voz a mis espaldas.

Me gire y ahí estaba un bóer alto y pálido de aspecto amable. Me extendió su mano.

—Soy Jonathan, el dueño —dijo sonriente.

—Encantado; soy Carlos, de España —respondí devolviéndole el saludo.

—Uh, Espannnniiiaaaa. Bienvenido, estas muy lejos de casa —bromeó.

—¿Has visto al ratel? Yo vi uno de camino aquí —le pregunté

—Esta noche no, pero te apuesto una cerveza a que ha sido él. Las cámaras nos sacarán de dudas —apuntó señalando una cámara situada sobre nuestras cabezas y en cuya presencia no había reparado.

Me invitó a su despacho para visionar las grabaciones nocturnas. El simpático bóer se acomodó en la única silla de la estancia y empezó a buscar entre los archivos de video de su ordenador. Efectivamente, ahí estaba la prueba del crimen. Las cámaras habían captado a dos rateles correteando por el lugar, saqueando la basura y afilándose las garras contra las llantas.

—*So taai soos n Ratel* —susurró Jonathan mientras negaba con la cabeza al tiempo que sonreía—. Seguramente son una madre y su hijo. El más grande debe ser la cría, pero al ser macho y pasar tanto tiempo con la madre, este la acaba superando en tamaño.

—¿Te dan muchos problemas?

—De vez en cuando rompen una valla, hurgan en la basura, roban comida, asustan a los perros… pero poco más. Están locos, me encantan. Si pudieran domesticarse, los tendría para guardar el campamento en lugar de los perros.

—Quizás perderías clientes —indiqué. Ambos reímos mientras Jonathan se incorporaba y golpeaba amistosamente mi hombro.

—Bueno, vamos al taller de Lars, ya estará abierto. Anoche escuché que necesitabais neumáticos.

3
LA MALDICIÓN DEL CUERNO MÁGICO

Durante mi primer viaje a Namibia allá por 2017, observé algo en el aeropuerto Hosea Kutako de Windhoek que me llamó poderosamente la atención. Los pasajeros asiáticos eran sistemáticamente separados del resto. Los agentes de aduanas se mostraban especialmente rudos y se esmeraban en los registros que practicaban a todos y cada uno de ellos. Aquel trato me pareció racista en un primer momento, pero durante ese mismo viaje, un animal africano iba a dar sentido a aquella escena.

África es el hogar de dos especies de rinoceronte, el blanco y el negro, algo más pequeño. Pese a lo que pudiera pensarse, sus nombres no tienen nada que ver con su color, ya que ambas especies son grises. La explicación más extendida, aunque no haya registros escritos que la confirmen, hace referencia a sus hocicos y a una simpática confusión.

Cuando en el siglo XVII los colonos holandeses empezaron a instalarse en África austral, bautizaron al rinoceronte blanco como *wijde,* que significa «ancho», en referencia a sus labios. Cuando posteriormente los ingleses se asentaron en el sur del continente, confundieron *wijde* con su *white,* «blanco». Según parece, el negro fue bautizado simplemente en contraposición a su pariente de mayor tamaño. El labio picudo y prensil del rinoceronte negro le permite alimentarse en arbustos y en las ramas de

árboles pequeños, mientras que el blanco pasta a ras de suelo. Así pues, entre las dos especies de rinocerontes africanos, hay diferencias de tamaño, anatomía y comportamiento, pero no de color.

Faru, como se conoce en swahili a esta criatura, ha gozado de gran importancia en la cultura de diversos pueblos africanos, especialmente en África austral. Prueba de ello es el famoso rinoceronte de Mapungubwe: una figura de oro encontrado en Sudáfrica en 1932, que se cree que representaba el poder y liderazgo sagrado de su rey. Más modesta es la figura de arcilla de Melora datada entre el 900 y el 1300 a. C., también hallada en Sudáfrica. En este caso, se cree que la pieza cumplió un papel didáctico durante ritos iniciáticos en los que, a través de estas piezas, se impartían conocimientos importantes para el paso a la vida adulta.

Los cuernos se utilizaban para guardar ingredientes empleados en rituales destinados a atraer la lluvia, donde también se empleaban los huesos de las patas del animal. Además se hacían cetros, símbolo de estatus, y a algunos líderes destacados se les aplicaba el título honorífico de *Cuerno de Rinoceronte*.

La potencia de este simbolismo ha traspasado las fronteras del espacio y el tiempo. Desde hace milenios, la medicina tradicional china ha atribuido a partes de la anatomía de determinados animales salvajes propiedades terapéuticas, casi milagrosas. El cuerno de rinoceronte ha sido uno de sus ingredientes más valiosos; la tradición le atribuye toda suerte de propiedades. Se afirma incluso que el cuerno en polvo cura el cáncer, lo que ha incrementado la demanda y los precios. Sin embargo, la realidad es que, aunque duros como el hueso, los cuernos están hechos de pelo endurecido; queratina, exactamente igual que nuestras uñas. Carente, por lo tanto, de cualquier propiedad medicinal.

De las cinco especies de rinoceronte que viven actualmente en las junglas de Asia y las sabanas de África, las dos especies africanas son los que poseen los cuernos más grandes. Resulta tristemente paradójico que la principal característica del animal, creada para su defensa, se haya convertido en su maldición y causa de su exterminio en buena parte de África. La lucha por evitar la extinción de rinocerontes negros y blancos ha degenerado en una auténtica guerra de guerrillas entre los guardas de los parques nacionales y los furtivos. Tanto unos como otros cobran una miseria y mueren periódicamente mientras el grueso de los beneficios queda en manos de traficantes y políticos corruptos. Pero la medicina tradicional china no es la única responsable de la ruina de los rinocerontes africanos.

Las jambiyas son unas dagas tradicionales de la península arábiga, especialmente populares en Yemen y Omán. Constituyen un importante símbolo de poder, originalmente accesibles solo a los hombres de la élite dado su elevado coste. Su mango se elabora tallando el cuerno del rinoceronte. Este es el material preferido, ya que gana valor estético con el tiempo. Después de décadas de manejo, el cuerno adecuadamente pulido adquiere un tono ámbar translúcido muy apreciado en la joyería yemení. El llamado boom del petróleo de la década de los setenta produjo en Yemen un repentino aumento de la renta per cápita. Ello derivó en una democratización en el acceso a este elemento de lujo y, por ende, un aumento en la demanda de los cuernos.

◢◢◣◣ ESTIRPE DE GIGANTES

Lo primero que se hace patente cuando se tiene el privilegio de observar un rinoceronte de cerca es lo prehistórico de su aspecto. No en vano, son descendientes de una antigua familia. Algunos de sus mayores antepasados, los *Paraceratherium*, un género extinto de rinocerontes gigantes y carentes de cuerno, ya se paseaban por la Tierra del Oligoceno hace entre 34 y 23 millones de años. Los paleontólogos estiman que estos animales llegaban a alcanzar los cinco metros de altura hasta la cruz y las 20 toneladas de peso, convirtiéndolo en uno de los mamíferos terrestres más grandes de la historia.

Por su parte, los *Elasmotherium* ya tenían aspecto de rinoceronte tal y como los conocemos en la actualidad. Desaparecieron hace unos 40 000 años, medían tres metros y su cuerno podía alcanzar el metro de longitud. A diferencia de los rinocerontes actuales, los *Elasmotherium* poseían patas largas que le habrían brindado una locomoción mucho más veloz, similar a la de los caballos.

Pero seguramente el antepasado más famoso, posiblemente porque convivió con nuestros propios predecesores durante la última glaciación, sea el rinoceronte lanudo. Con unas dimensiones muy próximas a las del rinoceronte blanco, este rinoceronte euroasiático poseía un grueso abrigo de pelo que le protegía del frío glacial.

En 2015, un cazador siberiano hizo un hallazgo asombroso: una cría de rinoceronte lanudo cuyos restos habían quedado conservados de manera casi intacta en el permafrost. Un espécimen valiosísimo, el más completo de su especie. Sasha, como así la han llamado los científicos que la estudian, rebelará aspectos hasta ahora desconocidos sobre la morfología y biología de su especie y sus vínculos con los rinocerontes actuales.

〰〰 MOKELE MBEMBÉ

África es rica en leyendas, la mayoría transmitidas oralmente a lo largo de los milenios. Desde hace al menos cinco siglos, se cuenta que en las densas selvas de la cuenca del Congo habita un ser prehistórico, un dinosaurio que vaga por el corazón verde del continente llamado *Mokele Mbembé*.

En 1776 se realizó el primer dibujo de la criatura y el 13 febrero de 1910, *The New York Herald* le dedicó su portada afirmando que, en efecto, se trataba de un brontosaurio. Desde entonces, y obviando cualquier lógica científica, expediciones japonesas, americanas, alemanas e inglesas han intentado encontrarlo sin éxito.

A principios de los 2000, una expedición española dirigida por el zoólogo y documentalista Fernando González Sitges abordó la situación desde un enfoque distinto. En lugar de buscar un reptil gigante, optaron por mostrar láminas de animales de la selva a los pigmeos Baaka y comprobar si a alguno de ellos lo conocían como *Mokele Mbembé*. Los pigmeos no tardaron en identificar al legendario animal. La sorpresa fue mayúscula cuando señalaron la ilustración de unos animales que no se encuentran en aquellas junglas: los rinocerontes. ¿Es el *Mokele Mbembé* un rinoceronte prehistórico que encontró refugio en lo más profundo de la selva africana? Hasta la fecha, el legendario animal ha logrado eludir cualquier intento de dar con él. ¿Existe realmente? Probablemente nunca lo sabremos y el *Mokele Mbembé* seguirá siendo uno de los muchos misterios que encierran las selvas de África central.

VOLANDO VOY

A causa de la continua presión de la medicina tradicional china, combinada con la creciente demanda de los países árabes, los rinocerontes vieron caer sus poblaciones por toda África hasta el punto de desaparecer de buena parte del continente. En el caso del rinoceronte negro, cuyo cuerno es más apreciado, la población ha caído un 97% desde 1960. Ante esta situación, la cría en cautividad y las reintroducciones por vía aérea han supuesto un auténtico salvavidas para mantener a flote a la especie y permitirle recuperar sus antiguos feudos. En los últimos años, estas medidas han empezado a dar resultado y las primeras reintroducciones han empezado a producirse.

En 2019, tres hembras y dos machos de rinoceronte negro, nacidos y criados en zoos europeos, fueron trasladados en un viaje de más de 6000 kilómetros desde Praga al Parque Nacional de Akagera, en Ruanda. Las hembras —Jasiri, Jasmina y Manny— nacieron en la República Checa; los machos —Olmoti y Mandela— en Inglaterra y Dinamarca, respectivamente. La operación supuso la mayor relocalización de fauna de la historia de África. Estos históricos ejemplares se unieron a los otros 18 que en mayo de 2017 fueron trasladados desde Sudáfrica hasta el parque ruandés. Su reintroducción acabó con diez años de ausencia de la especie en Ruanda. Chad es otro de los puntos calientes de esta historia. En 2018 seis ejemplares fueron llevados por aire, de nuevo desde Sudáfrica, hasta el Parque Nacional de Zakouma, donde los rinocerontes negros habían desaparecido hacía medio siglo debido a la caza furtiva.

Por lo que respecta al rinoceronte blanco, Uganda supone un caso digno de mención. En los años 60 había en el país unos 400 rinocerontes negros y 300 blancos. La dictadura del general Idi Amin abrió los parques nacionales a la caza furtiva, causando la extinción de ambas especies en 1983. Para recuperar al rinoceronte blanco en este país, en 2005 se fundó el Santuario de Rinocerontes de Ziwa con la importación de seis ejemplares. En 2009, nació el primer rinoceronte blanco ugandés en más de tres décadas. Se bautizó a la histórica cría como Obama, ya que nació el mismo año que el 44º presidente de Estados Unidos accedió al cargo. Además, ambos eran hijos de padre keniata y madre americana.

Desgraciadamente, para el rinoceronte blanco del norte es demasiado tarde. El último macho de esta subespecie llamado Sudán murió en Kenia en marzo de 2018. Para empeorar las cosas, las dos últimas hembras, Fatu y Najin, son estériles. Por tanto, es casi seguro que el gran rinoceronte blanco del norte pasará a engrosar en los próximos años la triste lista de especies extinguidas. Su única esperanza reside en la implantación en una hembra fértil de rinoceronte blanco del sur, de embriones producidos con el material genético de Fatu y Najin y el que se logró extraer de los últimos machos que quedaban vivos. El tiempo se agota y, de momento, no ha habido éxito.

〰️ HACIENDO AMIGOS

Namibia es uno de los últimos bastiones del rinoceronte negro. El país ha realizado importantes esfuerzos para conservarlos y el gobierno ha llenado el aeropuerto y las principales ciudades con carteles y vallas publicitarias que reafirman sus intenciones conservacionistas. Entre las zonas protegidas namibias, la joya de la corona es el Parque Nacional de Etosha, un gran salar que se extiende más allá de la vista bajo un sol inmisericorde. A primera vista, no parece el mejor lugar para ver grandes animales, y así sería de no ser por sus charcas de aguas perennes. Los *waterholes,* como allí se les conoce, son emanaciones de agua subterránea que constituyen un imán irresistible para toda suerte de criaturas. Estos lugares están tan concurridos como un bar clandestino durante la ley seca. A cualquier hora del día o la noche uno puede apostarse cómodamente en los puntos de observación instalados en las proximidades y contemplar, sin necesidad de esconderse, el continuo ir y venir de oryx, kudús, cebras, gacelas saltarinas, ñus, jirafas o elefantes que acuden a beber o a darse un baño. Observar a los rinocerontes, sin embargo, no resulta tan sencillo.

Habíamos acudido allí con la esperanza de observar al menos a uno de estos tímidos herbívoros. Sabíamos que era el lugar, pero el momento adecuado parecía no llegar nunca. El sol se dejaba caer frente a nosotros, y no había ni rastro de los rinocerontes. No teníamos permiso para dormir dentro del parque y la tensión aumentaba; nuestra gran oportunidad se escapaba, debíamos irnos.

Justo en ese momento, cuando nos batíamos en triste retirada, apenas visible emergiendo a través de los arbustos que marcaban la línea del horizonte, un precioso y solitario rinoceronte negro hizo su aparición. Avanzaba lenta pero constantemente hacía la charca donde le esperábamos ansiosos. Cuando andaba a medio camino, dos figuras más emergieron de la espesura a campo abierto. Se trataba de una madre con una cría muy pequeña, de menos de un año. Esta iba escoltada por dos chacales con aviesas intenciones. Avanzaban con decisión siguiendo los pasos del primer ejemplar al que no tardaron en alcanzar. Parecía que este y la hembra se conocían. El primer individuo era seguramente una cría ya destetada de la hembra. Este intentaba interactuar con su hermanito, pero la madre le obligaba a mantener las distancias. Los machos de rinoceronte son famosos por cometer infanticidios. La noche cayó, pero ante semejante escena no podíamos irnos; mucho menos ahora, que parecía que empezaba la hora punta de los rinocerontes. Opté por dejar que cerraran las puertas del parque con nosotros dentro y asumir la multa que esta infracción implicaba. Los clientes me lo agradecieron. Sin duda, ha sido la multa que más feliz he pagado en mi vida. Observábamos extasiados como los tres rinocerontes abrevaban, cuando descubrimos al borde de la charca un precioso macho adulto en toda su plenitud. Resultaba un auténtico privilegio observar un ejemplar así, uno de los pocos que quedan en el mundo. La caza furtiva casi ha acabado con ellos.

Hasta no hace mucho, se pensaba que los rinocerontes negros eran ariscos y solitarios. Pero en estas charcas de Namibia, se descubrió lo que estábamos viendo delante de nuestros ojos: que estos animales quedan en las charcas para sociabilizar al ponerse el sol de manera similar a como quedamos nosotros a tomar cañas al salir del trabajo.

Días después, de vuelta al aeropuerto, observé un control que tenía nuevamente como protagonistas a un grupo de ciudadanos asiáticos. A un lado de la carretera y bajo una valla con el lema *Save the Rhino,* dos policías revolvían equipajes mientras un oficial interrogaba a sus propietarios. Entonces, lo entendí. En Namibia, cualquier asiático es un potencial traficante de cuernos de rinoceronte y todos los años se interceptan a varios de estos individuos intentando escamotear la valiosa mercancía.

Después de aquel primer contacto con los rinocerontes de Namibia, pasaron los años y volví repetidamente a las charcas de Etosha. Durante los safaris diurnos apenas conseguíamos dar con algún ejemplar solitario que mantenía las distancias. Pero por la noche, sin excepción, se producía un desfile continuo de rinocerontes. En una ocasión llegó a haber nueve ejemplares entre machos, juveniles y hembras con crías. Compartían la charca, no sin cierta tensión, con los elefantes; y entre ellos se comunicaban con bufidos y mugidos que a veces acababan con algunos individuos frotándose las cabezas mutuamente en un gesto de gran ternura que nos recordaba el tremendo fracaso que supondría permitir que estos magníficos animales se extinguieran.

MEDIDAS DESESPERADAS

Desde los años 90, los conservacionistas de algunos países africanos han recurrido a una medida drástica y no exenta de polémica para intentar mitigar los devastadores efectos de la caza furtiva. El llamado *dehorning* consiste en sedar al rinoceronte para cortar con una sierra sus característicos cuernos. La idea era sencilla: al no tener cuernos, los cazadores no tendrían motivos para cazarlos. Desgraciadamente, pronto se descubrió que dos más dos no siempre son cuatro. Aun cuando los rinocerontes tenían muñones en lugar de cuernos, los cazadores mataban a los animales para vender esa pequeña porción de cuerno que seguía teniendo un alto valor en el mercado negro. Así, la mayoría de los rinocerontes a los que se les habían quitado los cuernos fueron igualmente masacrados.

El *dehorning* no consiguió acabar con la caza furtiva y para colmó tuvo consecuencias inesperadas; no hay que olvidar que los rinocerontes evolucionaron con cuernos por buenas y diversas razones. Especialmente importante es el papel que juega en su comportamiento social y reproductivo.

Antes de acceder al apareamiento, las hembras necesitan poner a prueba a los machos. Unos cuernos bien desarrollados son un síntoma de buena genética, por lo que los machos con mayores cuernos tienen más probabilidades de vencer en los combates nupciales, resultando así más atractivos. Al haber perdido los cuernos a causa del *dehorning*, las hembras no entraban en celo, con lo que se redujo drásticamente la tasa reproductiva de la especie, agravando aún más el peligro de extinción.

Namibia fue el primer país en aplicar el corte de cuernos y luego le siguieron Sudáfrica y Zimbabwe. Allí nos encontrábamos, en el Parque Nacional de Matopos, el más antiguo del país y hogar de su mayor población de rinocerontes. A principios de la década de los 60 del pasado siglo se reintrodujeron en Matopos 13 rinocerontes blancos procedentes de Sudáfrica. Estos animales se convirtieron en los primeros rinocerontes que había en Zimbabwe en 70 años donde la caza los había extinguido.

La mayoría de rinocerontes blancos que se encuentran en la actualidad en el país son descendientes de aquellos 13 pioneros. Los rinocerontes negros se reintrodujeron poco después y, desde entonces, Zimbabwe se ha convertido en uno de los últimos refugios de la especie.

Allí conocimos a Ian, jefe de los guardas del parque. Zimbabuense blanco de quinta generación, abogaba por legalizar la venta de los cuernos obtenidos mediante el *dehorning* para financiar la costosa protección de los últimos rinocerontes.

—Hay naves enteras llenas de cientos de cuernos obtenidos mediante el *dehorning* que valen una autentica fortuna —nos contaba junto a unos cráneos de rinoceronte mientras fumaba un cigarrillo tras otro—. Con los beneficios de su comercialización, podríamos tener mejores medios para la conservación.

Las palabras de Ian destilaban desesperación. Él y sus hombres no eran más que un parche que apenas alcanzaba a ralentizar una sangría brutal cuyo final solo llegaría con la definitiva extinción de los rinocerontes.

—El *dehorning* es como cortarles las uñas. No les duele, es totalmente sostenible, el proceso se puede repetir cada tres años. Si abastecemos el mercado con cuernos legales que no impliquen la muerte de los animales, su precio bajará y esta auténtica guerra se acabará de una maldita vez. No solo están muriendo animales, también personas.

El planteamiento de Ian parecía viable. Sin embargo, la realidad es terriblemente compleja. El comercio de cuernos de rinoceronte está prohibido desde 1977 y no parece probable que se vaya a legalizar en breve para sistematizar el *dehorning*. Los proteccionistas detractores de la legalización alegan que esta medida podría abrir la veda a una matanza todavía peor. Además, los mecanismos de control para discernir si un cuerno se ha obtenido mediante el *dehorning* sin matar al animal y no a través de la caza furtiva resultarían poco fiables.

A todo ello, cabe añadir el debate moral. Vivimos inmersos en una economía de mercado por lo que, para ganar esta batalla, habrá que combatir desde dentro del mismo como proponía Ian. Pero, ¿no somos capaces de hacerlo mejor? ¿La única forma que tenemos de salvar a los rinocerontes es reducir a estos bellos animales a un bien de consumo?

Mientras tanto, hombres y animales mueren todos los años víctimas de la superstición, la codicia y la corrupción.

4
SÚPER RATAS

Imaginen una adorable rata del tamaño de un chihuahua. Imaginen que esta recorre su cuerpo de arriba abajo olisqueando hasta el último recodo de su anatomía. Imaginen, igualmente, que esto pudiera salvarles la vida.

Un día iba paseando por el centro de Valencia tranquilo y despreocupado, me divertía observar las decenas de caras anónimas que se cruzaban fugazmente en mi camino. Por casualidad, mi mirada se fijó varios metros por delante de mi posición. Allí se encontraba una joven poco mayor que yo y un tanto extravagante. Portaba unas botas con generoso tacón, medias negras y rotas, falda a cuadros rojos y un corsé gótico. Decoraba sus orejas, nariz y cejas con piercings y su pelo era de un llamativo color rosa que empezaba a desteñir.

Esta estética neo punk no es inusual en el centro de las grandes ciudades, no era esto lo que captó mi atención. Sobre el hombro de la chica, una bola de pelo sujeta con un pequeño arnés se mantenía en perfecto equilibrio. Aceleré el paso para cruzarme con ella y descubrir qué era ese bulto peludo. A unos cinco metros, la criatura cambió de posición y dejó ver una cabeza coronada con unas orejas y bigotes inequívocos. Aquel animalito era una gorda y altiva rata. El roedor parecía disfrutar de la atención que generaba entre los viandantes, quienes se dividían

entre los que la miraban a ella y a su dueña con asco y espanto y los que no podíamos evitar sonreír ante tan curiosa escena. La chica mantenía la mirada fija en el horizonte inmune a todo cuanto la rodeaba mientras su mascota olía el aire y balanceaba la larga cola que colgaba del hombro de su ama.

En nuestra cultura, la rata es vista como un ser insalubre, morador de las más infectas cloacas y vector de las más terribles enfermedades. La peste negra, diseminada principalmente por las pulgas portadas por las ratas, dejó un profundo trauma en buena parte de Occidente. Sin embargo, en los últimos años, estos animales se han convertido en mascotas muy apreciadas por su gran inteligencia. Ya se crían como cualquier animal de compañía; las hay albinas de ojos rojos e incluso ratas calvas sin pelo para los alérgicos.

En África, estos animales cumplen dos funciones que están lejos de los papeles de alimaña o mascota que les hemos otorgado. En primer lugar, constituyen una valiosa fuente de proteínas de fácil acceso, especialmente en las zonas rurales. Para quien ose escandalizarse, me permito recordar que hasta hace un par de generaciones, en España se consumían con total tranquilidad ratas de agua o topillos. Actualmente seguimos degustando la carne de conejo, pariente de la rata, de la que apenas se diferencia. Pero volvamos a África. Aparte de servir de comida rápida, las ratas cumplen otra importante función. Adecuadamente entrenadas, forman un auténtico cuerpo de élite que salva miles de vidas todos los años.

La rata gambiana es la más grande del mundo y se encuentra ampliamente distribuida por gran parte de África subsahariana. De hábitos nocturnos y crepusculares, pasan el día en el fresco interior de su madriguera protegiéndose del calor. Las hembras suelen formar grandes grupos con sus crías, mientras que los machos prefieren la vida de soltero. Excelente escaladora y nadadora, se alimentan de vegetales, raíces, tubérculos, termitas o caracoles.

Podría pensarse que, aparte del tamaño, la gambiana es como cualquier otra rata. Nada más lejos de la realidad.

🐀 ARTIFICIERAS

En septiembre de 1995, un belga llamado Bart Weetjens tuvo una idea brillante. Preocupado por el problema de las minas antipersona, se preguntó si su rata mascota podría ser capaz de detectar sustancias explosivas a través de su finísimo olfato. Así, Weetjens empezó a experimentar en 1997 con la posibilidad de utilizar ratas gigantes gambianas para detectar las minas terrestres. Dado su bajo peso, que no pasa del kilo y medio, los roedores podían pasar por encima de las minas sin detonarlas. Además, a diferencia de los detectores de metales, no se distraían con elementos metálicos, lo que les permitía detectar explosivos en un tiempo récord. Resultó que una rata podía desminar en veinte minutos lo que un humano con un detector tardaría cuatro días.

Pero, ¿cómo lo hacen? El entrenamiento comienza cuando las ratitas solo cuentan con cuatro semanas de vida. A esta edad, empiezan a ser acostumbradas al manejo por parte de sus cuidadores, así como a los olores y sonidos que formarán parte de su rutina. Una vez socializadas, las ratas aprenden a asociar el sonido de un clic que producen los entrenadores con un premio en forma de comida. A continuación, el estímulo y la recompensa del alimento se produce si el animal reconoce el olor del TNT. Ha llegado la hora de aplicar los nuevos conocimientos sobre el terreno. Sujetas por un pequeño arnés, las alumnas deben detectar las muestras de explosivo enterradas en el suelo. En este punto, las alumnas encaran la recta final de su formación de artificieras. En el siguiente paso intervienen por primera vez minas desactivadas. Primero detectarán minas colocadas en la superficie en un área pequeña y se moverán gradualmente a minas más profundas en áreas cada vez más extensas. Antes de pasar a un campo minado real, las ratas deben pasar una prueba a ciegas. El examen final consiste en encontrar todas las minas terrestres situadas en un área de 400 m^2 sin errar más de una vez. El entrenamiento ha durado nueve meses; las ratas están listas para graduarse.

Hasta la fecha, entre Angola y Mozambique, estas súper ratas han desactivado más de 13000 minas antipersona y han demostrado ser tan aplicadas que el sistema ya se ha exportado a Colombia, Camboya, Laos, Zimbabwe, Vietnam y Tailandia.

OLER LA ENFERMEDAD

La genialidad de estos roedores va más allá de la habilidad para detectar explosivos. Su exquisito olfato también es capaz de detectar la tuberculosis, la enfermedad infecciosa que más muertes causa en el mundo, con cerca de 9 000 000 de nuevos casos al año y 2 000 000 de muertes.

El entrenamiento de las ratas enfermeras empieza igual que el de las artificieras. En lugar de muestras de explosivo, se les presentan muestras de esputo en las que deberán reconocer la presencia de la enfermedad. Después, las ratas pasan a una cámara de prueba más grande donde se colocan filas de diez

muestras debajo de unos agujeros donde deben insertar el hocico. Una vez localizada la muestra positiva, deben mantener la nariz sobre ella durante tres segundos.

Según sus entrenadores, una única rata, cuyo entrenamiento diario cuesta treinta centavos, puede detectar cien muestras en 20 minutos, mientras que un técnico de laboratorio puede tardar cuatro días en detectar la enfermedad en una sola muestra.

Puede que las ratas nunca desbanquen a los perros como nuestras mascotas preferidas y, por supuesto, nunca sustituirán a los médicos y artificieros. Sin embargo, las simpáticas ratas gigantes gambianas han demostrado hasta qué punto un animal vilipendiado puede sorprendernos, e incluso ayudarnos, si somos capaces de abandonar nuestros prejuicios.

5
REYES SIN CORONA

Estábamos perdidos. Gracias a la deficiente orientación de nuestro guía, habíamos acabado en un cañón olvidado por los mapas, pero repleto de petroglifos grabados en la roca por los antiguos bosquimanos. Una minúscula poza atraía a todas las criaturas de los alrededores y los depredadores tenían un entorno de ensueño para tender emboscadas. Aquel lugar era una ratonera y por doquier había pruebas de ello; la carcasa de una cebra, restos de una gallina pintada desplumada, rastros de pelo, huesos, excrementos y huellas. Llegar allí nos había costado tres horas y dos neumáticos pinchados. Agotado el día, debíamos hacer noche en aquel entorno tan prístino como hostil.

Por suerte, en aquel viaje nuestras tiendas estaban fijadas en los techos de los 4x4, lo que nos brindaba cierta sensación de seguridad. Dormir a ras de suelo no era una opción en aquel lugar. Talamos un pequeño árbol para hacer una hoguera que ardiera toda la noche con la esperanza de que el fuego mantuviera a raya a visitantes no deseados. En momentos como ese, uno conecta con las generaciones que le precedieron y puede sentir lo mismo que debieron experimentar los primeros homínidos. Como a ellos, la noche nos había convertido en potenciales presas y también como ellos, experimentamos un amor reverencial hacia el fuego. No tardamos en ver los primeros ojos animales brillar en la oscuridad. Se movían cerca del suelo. Por

la altura, deducimos que eran chacales o alguna alimaña de tamaño similar. Pero, ¿cómo estar seguros? No podíamos evitar sentirnos acechados.

Un paraje sin domesticar, repleto de arte rupestre milenario y animales salvajes. Una magnifica hoguera, el cielo más estrellado que había visto en mi vida y una indescriptible mezcla de temor y felicidad extrema. ¿Acaso no es eso la vida misma? A la mañana siguiente, nuestra amada hoguera seguía con vida, protegiéndonos del frío del alba. Mientras unos desayunaban, los más curiosos exploramos los alrededores y no tardamos en hacer un inquietante descubrimiento. A diez metros de donde dormíamos, las huellas de un gran felino aparecían perfectamente grabadas en la arena. Un león solitario había decidido darse un paseo a la luz de la luna por las proximidades de nuestro campamento.

Seguimos las huellas que avanzaban en la dirección donde habíamos cenado. Estas desaparecían en una porción de tierra aplanada por el peso del animal que había tenido a bien tumbarse para observarnos. ¿Quién sabe hasta dónde habría llegado si no hubiéramos contado con la protección del fuego? Sea como fuere, ahí estaban las pruebas. Habíamos pasado la noche custodiados por un león.

ᴧᴧ UN FELINO ÚNICO

Hay animales cuya belleza y poder han fascinado a la humanidad desde el principio de los tiempos. De entre ellos, quizás ninguno como el león. Sus rugidos guturales debieron helar la sangre en los corazones de nuestros antepasados durante las largas noches de la sabana, cuando nuestra especie daba sus primeros pasos. Puedo que ningún otro animal represente mejor la fuerza indómita de la naturaleza, el paradigma del valor: el rey de las bestias. Los humanos hemos venerado a los leones desde la primitiva caverna de Chauvet hasta los exquisitos bajo relieves del Imperio Asirio, pasando por el enigmático hombre león de Stadel o la heráldica europea. Aún en la actualidad, por todo el globo hay topónimos que rinden homenaje al poderoso león.

Los leones son únicos entre los felinos dada su compleja organización social. En la despiadada sabana africana, vivir en manada incrementa las posibilidades de sobrevivir. Coordinar esfuerzos facilita la caza de grandes presas y reduce el riesgo de resultar mortalmente herido. Además de su estructura social, otra particularidad de los leones es el mechón de pelo que presentan en la punta de su cola. Son el único felino con semejante atributo. La teoría más extendida sobre la utilidad de este mechón es que ayudaría a los miembros de la manada a mantener el contacto visual entre la vegetación que les camufla.

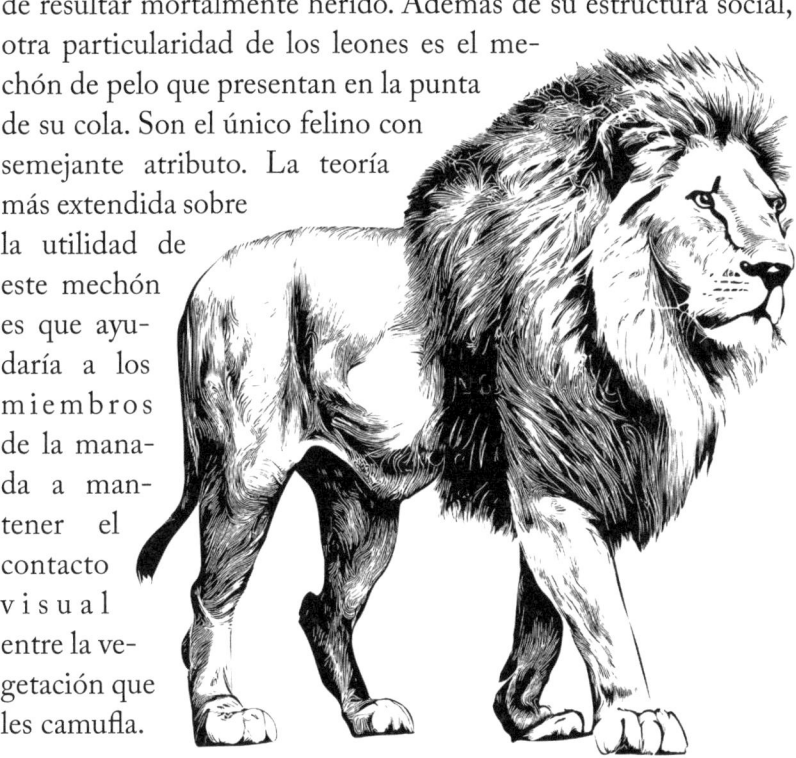

⚡ LA PESADILLA DEL CORONEL PATTERSON

Las historias de leones devoradores de hombres campan a sus anchas por toda África. Al contrario de lo que ocurre con otros animales, no se trata de leyendas o supersticiones. Por desgracia, son todas verídicas. No en vano, nuestra especie y los leones llevan milenios compartiendo espacio y muriendo unos a manos de los otros.

La historia más famosa, aquella que ha traspasado las fronteras de África, es la protagonizada por Fantasma y Oscuridad. Los diablos de Tsavo, como también se les conoció, fueron dos leones que en 1898 devoraron a su antojo a 135 obreros que trabajaban en la construcción de la línea del famoso Tren Lunático que unía el interior de África Oriental con la costa swahili en el Índico.

El coronel John Henry Patterson, ingeniero militar y diestro cazador irlandés, estaba al mando de las obras. Había sido contratado para construir un puente sobre el río Tsavo en Kenia, y su llegada en marzo coincidió con los primeros ataques de los felinos.

Patterson asumió la tarea de eliminar a las bestias que se estaban comiendo a sus trabajadores. Ingenuamente, pensó que se trataría de un excitante reto cinegético que a la vez reforzaría su autoridad sobre sus subordinados. Para ello construyó trampas, usó cebos vivos y pasó muchas noches en vela a la espera de los leones asesinos. Todo fue en vano. Fantasma y Oscuridad parecían oler los planes de Patterson tan bien como la carne humana. Armas, fuego, cercados... nada los detenía. Tuvieron que pasar nueve meses de terror hasta que, finalmente, Patterson logró abatir a uno de los ejemplares. Era gigantesco. Tanto, que se necesitaron ocho hombres para llevar su cuerpo al campamento. El segundo león tardó 20 días más en caer. Para acabar con él, Patterson necesitó nueve balazos y, al igual que su difunto camarada, era excepcionalmente corpulento.

Aquellos leones no eran como los demás. Además de sus extraordinarias dimensiones carecían de melena pese a ser machos. Los nativos estaban convencidos de que aquellas inusuales bestias portaban los espíritus enfurecidos de dos jefes tribales que trataban de impedir el avance del hombre blanco a través de sus tierras.

Tras su hazaña, Patterson conservó las pieles de los leones y escribió en 1907 *Los devoradores de hombres de Tsavo*, un libro que le granjeó fama mundial. En 1924, durante una de sus giras por Estados Unidos, decidió vender al museo Field de Chicago las pieles de Fantasma *y* Oscuridad, que acabaron formando el que probablemente sea el diorama más famoso del mundo.

Se dice que los devoradores de hombres nunca mueren del todo. Mientras haya humanos conviviendo con leones, los episodios de antropofagia no cesarán, como no cesaron tras la muerte de los diablos de Tsavo. En 1909, el león blanco conocido como Chiengi Charlie llevó la muerte al norte de Zambia. Se trataba de un macho solitario de color anormalmente claro del que se dice que le faltaba media cola. Con el tiempo, Charlie se alió con otros dos machos y juntos devoraron a 90 personas hasta que fueron abatidos. Se afirma que, entre sus víctimas, se encontraba un cazador blanco encargado de su exterminio y que acabó en las fauces de aquellos que debían ser sus presas.

En 1931 el gobierno colonial que gestionaba el sur de Tanzania se enfrentó a un brote de peste bovina que diezmó al ganado doméstico. Para combatir la epidemia, la administración cometió el terrible error de acabar con los rebaños de herbívoros salvajes. Esto dejó sin presas a los depredadores, entre los que se encontraban los leones de la manada de Njombe, quienes a la postre, se convertirían en los más prolíficos cazadores de personas. Este escuadrón de la muerte se cobró la vida de 1 500 personas entre las que se encontraban niños que fueron robados de sus cunas. La actividad antropófaga de la manada se extendió a lo largo de 16 años. En este tiempo, la manada crio tres generaciones de leones que aprendieron de sus mayores a cazar seres humanos, estableciendo así una horripilante costumbre.

El león de Mfuwe regó de sangre el valle del río Luwanga, a principios de los 90. En un primer momento se pensó que se trataba de una hembra, pero cuando seis leonas fueron abatidas y los ataques continuaron, se descubrió que el asesino era, al igual que Fantasma y Oscuridad, un macho sin melena y de un tamaño colosal. Se trataba de un ser descarado carente de todo miedo, conocedor de su poder y del temor que infligía en los humanos del valle. Se dice que, en cierta ocasión, después de devorar a una joven, el monstruo acudió a plena luz del día al pueblo donde esta vivía. Sin inmutarse por los aldeanos que intentaban ahuyentarlo, entró en la casa de la difunta y salió de ella portando entre los dientes una bolsa blanca donde la muchacha guardaba sus efectos personales. Altivo, el gran león se paseó por el pueblo rugiendo y jugando a ratos con la bolsa cual gato que se divierte con un ovillo de lana. Cuando en 1991 el cazador californiano Wayne Hosek logró darle muerte, se confirmó lo excepcional de aquel ejemplar. Era aún más grande que los leones de Patterson, 3'15 metros de longitud, y tenía una altura hasta la cruz de 1´20 metros. El devorador de hombres de Mfuwe se trataba ni más ni menos que del león devorador de hombres más grande de cuantos se tiene constancia. Hosek, que había crecido con la odisea del coronel Patterson, donó el cuerpo al museo Field, donde el león de Mfuwe se unió Fantasma y Oscuridad. En su diorama, el devorador de hombres de Mfuwe fue representado con la bolsa blanca de la muchacha.

El caso más reciente de antropofagia lo protagonizó un ejemplar conocido como Osama, que entre 2002 y 2004 aterrorizó la cuenca del río Rufiji en Tanzania. Bautizado como el enemigo público número uno de la época, el terrorista saudí Osama bin Laden, este devorador de hombres acabó con 50 personas antes de morir tiroteado.

Pero, ¿qué lleva a los leones a hostigar a las personas? Tradicionalmente, el fenómeno de los devoradores de hombres solía atribuirse a individuos viejos o enfermos, incapaces de procurarse presas naturales. Cuando Osama fue abatido en 2004, se descubrió que padecía un severo absceso en uno de los molares. Sin embargo, esta lesión no le incapacitaba para llevar una vida normal de león, menos aún tratándose como era su caso de un animal joven. Fantasma y Oscuridad también se encontraban en la flor de la vida y carecían de lesiones. La explicación tiene que ver con nosotros. Desde siempre, los grandes felinos africanos han cazado primates. Primates como nosotros. Podría decirse que su paladar está acostumbrado a nuestro sabor. Ello explicaría comportamientos como el de la manada de Njombe, que transmitió a sus miembros el gusto por la carne humana porque este se encontraba de algún modo en su memoria de especie. En tiempos más recientes, nuestra expansión ha modificado su entorno y reducido sus presas naturales, abocando a los animales a enfrentarse a nosotros. Los devoradores de hombres no son más que la más elocuente y terrorífica consecuencia de nuestra ruptura con el equilibrio ecológico.

🐾 LANZAS POR ANTENAS

Es un hecho: convivir con los leones no es fácil. Nadie lo sabe mejor que los masáis. Tradicionalmente, este pueblo ha cazado leones en un rito de paso conocido como Olamayio. Cada quince años, una nueva generación de jóvenes varones debe demostrar su valor para pasar a convertirse en guerreros morani. Abatir un león otorgaba el título de *Olmurani lolowuaru*, «el cazador de leones», y era sinónimo de honor y respeto de por vida.

En la actualidad, el grueso de los leones ya no se caza por motivos rituales sino para evitar daños al ganado. Conviene señalar que los masáis son de los grupos étnicos africanos que más y mejor se adaptan a la globalización. Por consiguiente, su relación con los leones también ha experimentado cambios. Los morani han sustituido sus lanzas por antenas de radio seguimiento y la caza por la conservación de estos felinos. Desde 2007, en varias zonas de Kenia y Tanzania, casi 70 de estos guerreros prestan apoyo a los biólogos encargados de estudiar y gestionar la menguante población de leones de África Oriental. Su tarea principal es controlar los movimientos de las manadas para anticiparse a posibles incursiones sobre el ganado, usando en ocasiones collares con radio transmisores. Los beneficios que una población sana de leones genera en forma de ecoturismo permite compensar las pérdidas que de vez en cuando siguen produciendo en el ganado. Esta nueva relación beneficia a todas las partes. Al fin y al cabo, los turistas quieren ver a los masáis y a los leones conviviendo juntos y compartiendo el trono de la sabana.

⛰️ CONCIERTO NOCTURNO

Fue precisamente en territorio masái, en la célebre reserva keniata de Masái Mara, donde tuve mis encuentros más memorables con estos depredadores. Habíamos viajado a aquella maravillosa sabana para filmar un documental con las grandes manadas de leones que en ella pueden encontrarse. Durante el día, asistimos a las continuas cópulas de una pareja que se había apartado el resto de la familia en busca de la necesaria intimidad. Durante las cerca de dos horas que estuvimos grabándolos cual *voyeurs*, no cesaron de copular unos diez segundos, dormir cinco minutos y repetir. Efectivamente, el sexo entre leones es corto pero continuo.

Sin embargo, como buenos felinos, los leones son amantes de la vida nocturna y, por ello, queríamos filmar su actividad de noche. Obtuvimos los permisos necesarios para hacerlo y al atardecer habíamos localizado a la manada del pantano, mundialmente conocida por ser una de las más numerosas documentadas, devorando un gran búfalo que habían abatido recientemente. Acordamos volver esa misma noche al mismo lugar. De madrugada, avanzamos en solitario a través de la oscura pradera bajo incontables estrellas y una media luna perfecta. Llegamos donde estaba la carcasa del búfalo, pero los leones habían desaparecido. Apagamos el motor y nos limitamos a escuchar en silencio. Al cabo de un minuto que se hizo eterno, escuchamos un estornudo en la oscuridad.

—Allí están —indicó nuestro conductor y guía Joseph señalando a la dirección del estornudo mientras nos apremiaba a iluminar con los focos.

Así era, ahí estaban las hembras con los numerosos cachorros holgazaneando y con los estómagos llenos. La noche era fría, nos tapábamos con las mantas masáis llamadas *shukas* mientras los cachorros más jóvenes se acurrucaban apretadamente entre sí para mantener el calor. La actividad era de todo menos frenética. Con los trípodes, cámaras y focos preparados combatíamos el sueño y el frío a base de café y *chai*[2]. Cubierto hasta la cabeza con la *shuka* cual señora de pueblo y sorbiendo café, aproveché la tranquilidad del momento para grabarlo a fuego en mi memoria y corazón. Observando el firmamento a través del techo abierto de nuestro jeep empecé a susurrarme a mí mismo: «Recuerda esto siempre. El frío de la noche, el olor a humedad, el canto de las ranas, los millones de estrellas, el sueño, el sabor del café y estos leones. Recuerda siempre lo feliz que eres en este momento».

Justo cuando más místico me estaba poniendo, las leonas adultas alzaron súbitamente sus cabezas.

—¡Luces, Carlos, luces! —susurró el director nervioso.

Desde la lejanía, llegaba con claridad el rugido de otros leones. Nuestras leonas tensionaron sus macizos cuerpos, pero sin levantarse. Una de ellas empezó a respirar agitadamente, llenando su vientre de aire hasta que empezó a rugir. Poder captar el rugido de un león salvaje a tan poca distancia, de noche y en completa soledad, es algo sobrecogedor. A la primera leona le siguieron sus compañeras y en cuestión de segundos nos hallábamos en medio de un coro ensordecedor de ocho leonas rugiendo. Estábamos tan cerca y la potencia de sus rugidos era tal, que el coche y nuestros cuerpos temblaban atravesados por las ondas

2.- Bebida típica del sur de la India a base té con especias y hierbas aromáticas muy popular en África oriental y que habitualmente se mezcla con leche.

sonoras. La respiración se me entrecortó, la magia y fuerza del momento eran demasiado potentes y empecé a llorar embargado de una profunda emoción. Fueron las lágrimas más felices de mi vida hasta nuestro siguiente viaje al Mara que tuvo lugar pocos meses después.

PATRULLA AL ALBA

Habíamos salido del campamento antes del amanecer buscando hienas. Esta vez estábamos en el territorio de otro grupo de leones conocido como la manada de Black Rock. A lo lejos, gracias a los prismáticos, distinguimos las figuras de dos soberbios machos. Nos acercamos a ellos; aquellas bestias estaban en la plenitud de su poder, ese breve pero intenso periodo de la vida de un león en el que nada puede hacerle sombra, salvo otro león. Aquellos esplendidos hermanos conocidos por los guías locales como Olobor y Oloshipa estaban visiblemente malhumorados. Ignoraban en igual medida a las cebras y topis que les seguían con la mirada y a nuestro coche. Los herbívoros sabían perfectamente que estos machos no estaban cazando sino patrullando. Estaban alterados, jadeaban ruidosamente dejando escapar vaho en el frescor del amanecer. Seguían sin distraerse el invisible rastro oloroso de un macho intruso que había osado penetrar en su territorio. Un desafío que no podía quedar sin respuesta. Estábamos buscando hienas, pero la posibilidad de filmar una batalla entre leones machos era irresistible. Decidimos seguir a corta distancia a aquel dúo formidable. Los hermanos avanzaron juntos hasta que se detuvieron a oler concienzudamente el suelo. Acto seguido, ambos miraron fijamente el horizonte hasta que uno de ellos empezó a trotar mientras el segundo se puso a caminar a paso ligero emitiendo pequeños gruñidos. Los adelanta-mos para poder grabarlos de frente justo cuando el sol empezaba a despuntar. De nuevo juntos, Olobor y Oloshipa empezaron a rugir con todas sus fuerzas mientras los primeros rayos de sol iluminaban sus imponentes figuras.

No pude soportar semejante muestra de fuerza y belleza, y nuevamente lloré. Solo los que hayan escuchado los rugidos de estos animales en plena sabana podrán hacerse una idea del po-der que desprenden. El decidido avance de los dos colosos hizo huir al macho intruso que puso pies en polvorosa ante la promesa de una paliza que perfectamente podría acabar con su vida.

Dos años después de aquel encuentro, en el momento de escribir estas líneas, el poderoso Olobor fue abatido.

CERCO A LA CORONA

Aun siendo el máximo depredador y símbolo de África, los leones están en apuros. Hace 60 años, había más de medio millón; había incluso en las selvas de África Occidental. Hoy, apenas quedan 30 mil.

A pesar de su inigualable carisma, ni las reservas ni la bue-na voluntad de los masáis podrá proteger al rey de África de la amenaza que se cierne sobre ellos. Puede que la caza ritual de leones haya quedado atrás; sin embargo, el valor de estas bestias como trofeo de caza no ha menguado en absoluto. Como conse-cuencia, han proliferado lugares en los que se crían estos anima-les para proveer a la industria de la caza enlatada, especialmente en Sudáfrica.

Una vez el león ha alcanzado el vigor digno de un trofeo, es liberado en un cercado para que un acaudalado cazador le dé muerte. Los animales jóvenes también resultan rentables. Al haber sido criados a biberón, resultan dóciles y aptos para que los turistas paseen o se saquen fotos con ellos. Los visitantes quedan satisfechos. Tienen fotos de las que presumir y se marchan convencidos de que, con su visita, contribuyen a la conservación de los leones, ya que previamente se les ha asegurado que la granja donde se encuentran se trata de un centro de conservación consagrado a la reintroducción de esos animales. Desgraciadamente, la realidad es que cuando crezcan, esos cachorros acabarán tiroteados.

En 2016, Estados Unidos prohibió las importaciones de trofeos de leones criados en cautiverio. La caza enlatada ya no era negocio y los criadores de leones debían encontrar una nueva forma de obtener beneficios. Con pocos escrúpulos vieron la luz en la medicina tradicional china: criarían a los leones para vender sus huesos. Estos se hacen pasar por osamentas de tigre, inmensamente populares en los mercados asiáticos, pero sometidos a una gran vigilancia. Los huesos de león se usan para fabricar lo que se vende como vino de hueso de tigre, mientras que las garras y los dientes se convierten en joyas.

Esta es la triste realidad de estos reyes destronados. El paradigma de lo puro y salvaje, reducido a una simple mercancía con la que comerciar. El depredador más poderoso de África, convertido en presa.

6
EL ESPÍRITU DEL NILO

A los que, de un modo u otro, gozamos del contacto directo con los animales, siempre nos hacen la misma pregunta: «Si pudieras reencarnarte en un animal, ¿cuál elegirías?». Mi respuesta a este interrogante siempre ha estado clara. De poder convertirme en un animal, este sería un cocodrilo del Nilo. Estaría protegido por una piel acorazada y un gran tamaño. La larga vida de un cocodrilo transcurre plácidamente entre el agua y los baños de sol en las orillas de ríos y lagos. No hay por qué molestarse en buscar comida, esta se presenta sola. Al fin y al cabo, todos tienen que acercarse al agua tarde o temprano. Son resistentes a las enfermedades y a la falta de alimento. De no ser por nosotros, serían indestructibles.

Alcanzaron la perfección cuando aparecieron en el planeta hace 250.000.000 de años, por lo que apenas han evolucionado desde entonces. Aquellos primeros cocodrilos cazaban dinosaurios en los ríos mesozoicos y eran casi idénticos a los actuales. Han superado sin mayor problema una extinción masiva tras otra y cabe esperar que nos sobrevivan también a nosotros.

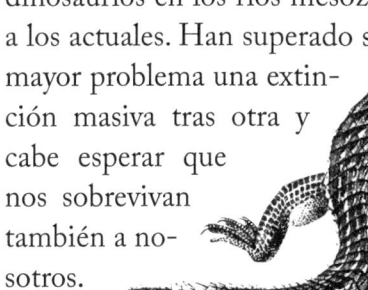

COCODRILOS SAGRADOS

Pensando en su perfección, observaba cómo los gigantescos reptiles sesteaban con la boca abierta en las orillas del Nilo mientras nuestra pequeña barcaza avanzaba por la superficie. De vez en cuando, lo que parecía un tronco flotante a la deriva abría los ojos y las narinas, cobrando vida y poniendo a prueba nuestros nervios. A uno de aquellos monstruos no le costaría demasiado trabajo hacer volcar nuestra endeble embarcación.

Acudir al agua con fines lúdicos, nadar y chapotear por placer como hacemos los occidentales en nuestras playas, lagos y ríos, es algo difícil de concebir y carente de sentido para la gran mayoría de los africanos. «¡El agua es peligrosa!», repiten como un mantra y llenos de razón.

Los principales responsables de este miedo cerval al agua de los pueblos africanos son, en efecto, los cocodrilos; y en concreto, el más famoso de todos: el cocodrilo del Nilo. Puede que en las aguas africanas sean los hipopótamos los responsables de más muertes; sin embargo, si uno tiene la desdicha de caer en las fauces de un cocodrilo, escapar será una quimera y el fatal desenlace será lento y doloroso. El cocodrilo es un cazador sumamente eficiente, que arriesga poco en sus cacerías. Sus principales armas son la paciencia y el sigilo. Gracias a ellos, aguarda hasta desencadenar una explosión de energía súbita que casi siempre se salda con el cobro de una presa. A continuación, se limita a sujetar al infortunado animal bajo el agua y esperar simplemente que este se ahogue.

Lo antiguos egipcios veían en el cocodrilo la encarnación de Sobek, dios de las aguas del Nilo y de la fertilidad que estas proporcionaban. El propio Nilo era obra suya al haber surgido de su sudor. Su culto se extendió desde las primeras dinastías del Egipto faraónico hasta el dominio griego de la dinastía ptolemaica. No obstante, fue durante el reinado de Amenhotep III cuando su culto alcanzó su cénit. Este faraón de la XII dinastía no dudo en hacer esculpir su imagen junto a la del poderoso dios cocodrilo. El epicentro de este culto se encontraba en el oasis de Fayum, donde el entorno favorecía la presencia de los saurios y donde se hallaban la mayoría de templos consagrados al padre del Nilo. Aquí se encontraba Cocodrilópolis, la ciudad de los cocodrilos. En su templo se adoraba a los cocodrilos sagrados llamados *petesucos*, quienes al morir, eran momificados.

PEQUEÑOS AFORTUNADOS

Durante una navegación por el río Chobe, en la frontera entre Namibia y Botswana, costaba trabajo pasar un minuto sin toparnos con alguno de estos reptiles acuáticos. De vez en cuando nuestro avance provocaba que los que descansaban en la orilla saltaran con gran estruendo al agua gracias a un golpe de su potente cola para, al cabo de unos segundos, emerger mostrando solo los ojos y la nariz.

No tardamos en encontrar un gran ejemplar que por mucho que nos acercáramos permanecía inmóvil en la orilla como si estuviera muerto. Se trataba de una gran hembra custodiando su valioso nido. Los cocodrilos son únicos entre los reptiles debido a sus cuidados maternos. Tortugas o serpientes se desentienden de sus crías, pero las hembras de cocodrilo protegen sus nidos incluso dejando de comer durante el proceso.

El sexo de los pequeños depende de la temperatura. De los huevos más calientes nacerán machos y de los que estén enterrados a mayor profundidad y por tanto se encuentran a una temperatura más fresca, nacerán hembras. Al eclosionar llaman a su madre, quien los recoge con sus enormes fauces y los conduce al agua, donde los protegerá durante meses. Puede que los cocodrilos estén en la cúspide de la cadena alimenticia, pero eso es cuando son adultos. Los huevos y las crías son muy vulnerables a la depredación de aves y muy especialmente a las mandíbulas de unos parientes lejanos suyos conocidos como varanos del Nilo. Estos grandes lagartos, similares a iguanas, no paraban de merodear por las orillas del Chobe en la búsqueda de nidos menos protegidos que el de nuestra mamá cocodrilo.

NADANDO ENTRE MONSTRUOS

Continuamos nuestro pequeño crucero hasta dar con un viejo macho que descansaba en la orilla con medio impala en la boca. A pesar de su inmovilidad y de encontrarnos a una distancia prudencial, el gigantesco reptil intimidaba. Toparse con uno de estos monstruos en el agua implicaba una muerte segura. Sin embargo, en determinadas circunstancias, esto puede hacerse sin demasiado problema. En general, se puede estar en el agua con cualquier cocodrilo que no exceda los dos metros de longitud. Si el animal supera este tamaño, entonces entra en juego la temperatura. Como todo el mundo sabe, los cocodrilos son reptiles y, por ende, animales de sangre fría. Esto implica que son incapaces de regular la temperatura como hacemos los mamíferos a través de la comida o el movimiento y dependen del entorno para hacerlo. En otras palabras: a más calor, mayor actividad. Por lo tanto, en invierno los cocodrilos entran en un estado de letargo en el que reducen su actividad al mínimo; apenas comen o se mueven. Esto es lo que ha permitido a la pareja de buceadores formada por Andy Crawford y Brad Bestelink filmar a los cocodrilos del delta del Okavango bajo el agua, abriendo así una ventana por la que observar la, hasta entonces, desconocida vida acuática de estos depredadores.

⋀⋀⋀ LOS MUTANTES DE LA CUEVA

Los cocodrilos africanos, más concretamente el cocodrilo enano, ha protagonizado uno de los mayores descubrimientos zoológicos del último siglo. De las 23 especies de cocodrilos, caimanes y gaviales[3] que existen en la actualidad, esta es la más pequeña. Los adultos apenas miden 1'70 metros, lo que los hace inofensivos para los humanos. Su pequeño tamaño y lo intrincado de su hábitat selvático hacen de ellos unos grandes desconocidos. A pesar de ello, estos pequeñuelos han protagonizado una fascinante historia de exploración y descubrimiento.

Todo empezó en la oscuridad de una cueva. En 2008, el arqueólogo y espeleólogo Richard Oslisly se encontraba en las cuevas de Aband, en el sur de Gabón, en busca de rastros de presencia humana en su interior. Mientras avanzaba miserablemente entre toneladas de excrementos de murciélago, topó de frente con el fulgor de unos ojos rojos que le observaban en la oscuridad. Olilsly se acercó con cautela. Aquellos misteriosos ojos pertenecían a un cocodrilo enano. La presencia de la pequeña

---

3.- Especie de cocodrilo endémica de Asia que constituye un género propio caracterizado por un largo hocico especializado para capturar peces.

criatura en aquel lugar planteaba numerosos interrogantes: ¿Qué hacía un cocodrilo en el interior de una cueva donde en lugar de agua había excrementos de murciélago? ¿Cómo demonios había llegado hasta allí? ¿Había más como él? Oslisly y su equipo debieron esperar dos años para averiguarlo. Cuando consiguieron capturar un ejemplar y sacarlo de la caverna para examinarlo, el animal reveló un aspecto insólito: su cuerpo era naranja. Una nueva incógnita se añadía al rompecabezas: ¿A qué se debía esa extraña coloración? Sucesivas expediciones han permitido aportar algunas conclusiones preliminares.

Se han encontrado numerosos cocodrilos enanos de color normal en cuevas con entradas y salidas. Los cocodrilos naranjas solo han aparecido en pozos verticales imposibles de escalar. Este aislamiento está provocando que, poco a poco, estos coloridos ejemplares muten y se separen genéticamente de sus congéneres. Su color naranja es muy posible que se deba a la acción corrosiva de los excrementos de los miles de murciélagos con los que comparten las cuevas. Se cree que el proceso se inició hace cerca de 3 000 años. Además de su aspecto, estos nuevos cocodrilos también han modificado su dieta adaptándola a su hábitat subterráneo. Han sustituido los peces y cangrejos por insectos y los murciélagos que caen al suelo de las cuevas.

El pequeño cocodrilo enano nos reconcilia así con la aventura. En un mundo en el que parece que todo ha sido descubierto y ya no hay lugar a la sorpresa, estos reptiles nos demuestran que mientras no lo destruyamos, el planeta aún tiene regalos que hacernos.

7
VENCER LA
INGRAVIDEZ

No cabe duda, a todos nos gustan las jirafas. Basta con observar las reacciones de los niños cuando ven una por primera vez. Como ellos, todas las culturas han quedado prendadas del grácil encanto de estos pacíficos gigantes. Eminentemente africanas, no hay nada parecido a ellas en ningún otro lugar. Son un motivo habitual en el riquísimo arte rupestre africano destacando el, que seguramente, sea el petroglifo más maravilloso del mundo: las jirafas de Dabous. Esta obra maestra del desierto de Níger representa una pareja de una especie casi extinta en la actualidad, la jirafa de África Occidental que apenas cuenta con 600 ejemplares. El autor del grabado era un genio, una especie de Miguel Ángel prehistórico que representó fielmente la anatomía de los animales con un nivel de perfección envidiable para los artistas contemporáneos.

🏔 REGALO DIPLOMÁTICO

Los árabes la llamaron *zarafa*, «el caminante veloz». Los romanos, por su parte, le dieron apellido. Se sabe que Julio César llevó una jirafa a Roma en el 46 a. C. para celebrar su victoria sobre Egipto. Los romanos pensaban, sin que se les pueda culpar por ello, que la jirafa era el resultado de la unión entre un camello y un leopardo. He ahí el origen de su nombre científico:

Giraffa Camelopardalis. Con la caída del Imperio, Europa perdió el contacto con las jirafas. Durante la Edad Media, los europeos solo supieron de estos animales a través de los contactos comerciales con los árabes. Ya en tiempos modernos, la conocida como Jirafa de Medici que fue regalada a Lorenzo de Medici en 1486, causó sensación en Florencia. Entre 1824 y 1826 el pachá egipcio Mehmet Alí envió tres ejemplares a París, Londres y Viena para evitar así que Francia, Inglaterra y Austria prestaran apoyo a Grecia en su pugna por independizarse del Imperio Otomano. Al margen de sus efectos políticos, la llegada de las jirafas a suelo europeo siempre fue motivo de máxima expectación. La Jirafamanía quedó reflejada en numerosos cuadros, obras textiles, cerámicas e incluso en la estética de las damas que intentaban reproducir con sus peinados las protuberancias que coronan la cabeza de estos animales llamadas osiconos.

Las jirafas también conquistaron Asia. En 1414, una fue enviada de Malindi a Bengala, y anteriormente un gran ejemplar fue llevado a China por el explorador Zheng He y cobijado en un zoológico de la dinastía Ming. El animal fue fuente de fascinación, llegando a asociarse con el *qilin*, un poderoso ser mitológico de la cosmovisión china.

LA CABEZA EN LAS NUBES

Aunque todas pueden parecer iguales, el diseño de las manchas de su piel varía según la subespecie. Así, se han identificado siete diferentes: la jirafa de Kordofan, la nubia, la de África Occidental, la de Angola, la sudafricana, la masái y la reticulada. Dentro de cada subespecie, la disposición de las manchas permite identificar a los individuos como si se trataran de huellas dactilares. A pesar de estas sutiles diferencias, todas comparten el largo cuello de unos dos metros de longitud que identifica a la especie. Resulta curioso que una jirafa posea las mismas siete vértebras cervicales que un ser humano, aunque las suyas midan 30 centímetros cada una.

Pero, ¿cuál es el origen de ese cuello tan singular? La explicación más extendida era la que defendía el precursor del evolucionismo Jean-Baptiste Lamarck. El cuello de la jirafa habría evolucionado a través de las generaciones para alcanzar las copas de las acacias. Años más tarde, Darwin pondría en duda este planteamiento afirmando que, por obra del azar, algunas jirafas con el cuello más alto que el resto tendrían ventaja y transmitirían estos genes ventajosos a su descendencia. Las tradiciones orales africanas, por su parte, aportan explicaciones mucho más poéticas.

En algunos lugares se dice que la jirafa estiró su cuello para poder ver su rostro reflejado en la Luna. Otros dicen que la jirafa tenía miedo de que la Luna le robara las hojas de la copa de las acacias. Finalmente, las leyendas san del árido sur del continente, vinculaban a las jirafas con el agua. Estos cazadores recolectores afirmaban que, con su largo cuello, las jirafas podían meter sus cabezas en el interior de las nubes y provocar así la tan necesaria lluvia.

Hoy, la ciencia nos dice que la respuesta yace en la mutación de 70 de los poco más de 17 000 genes que tiene una jirafa, lo que en gran parte daría la razón a Darwin. En cualquier caso, lo cierto es que su largo cuello le permite a la jirafa explotar un alimento vetado al resto: las nutritivas hojas de la acacia. Pero llegar hasta ellas es solo la mitad de la operación, la más sencilla. El árbol defiende sus hojas con unas espinas que muchos pueblos utilizan para hacer cercados para guardar el ganado. Además, la acacia se ha asociado con unas hormigas que protegen al árbol desprendiendo ácido. Por si fuera poco, la acacia produce unos taninos que resultan tóxicos si se consumen en exceso. Nada de esto supone un problema para las jirafas. Su boca esta forrada con un grueso callo que evita que las púas del árbol les inflijan terribles heridas; su saliva neutraliza los taninos y cuando las picaduras de hormiga son demasiado molestas, simplemente, cambian de árbol.

DE LA SABANA AL ESPACIO

El canto de los pájaros me despertó cuando todavía estaba oscuro. El día anterior había sido duro. Las cosas no habían salido según el orden y tiempo establecidos y, aunque finalmente las aguas habían vuelto a su cauce, lo habían hecho a costa de un considerable esfuerzo y estrés extra que ahora empezaban a pasar factura. Pero esa mañana, la naturaleza parecía brindarme los ingredientes perfectos para sanar el espíritu. Me envolví en la manta con la que había dormido e inicié el camino hacia el cercano manantial para observar la salida del sol. Aquel campamento estaba realmente concurrido, pero era como si todos los humanos del lugar hubieran desaparecido. Tan solo los restos humeantes de los fuegos de la pasada noche y las huellas en la arena daban pista de su existencia.

Cerca ya del manantial, un chacal solitario apuraba los últimos momentos de quietud para rebuscar entre las basuras sin inmutarse por mi deambular. Cuando llegué, el lugar ofrecía un aspecto primigenio, casi sacado de un lienzo. La imagen sería idílica de no ser por la baja temperatura de la que la fina manta era incapaz de aislarme. Pese a todo, decidí sentarme y esperar el amanecer entre rechinar de dientes y temblores. A excepción de un reducido grupo de aves acuáticas, no había animales a la vista. Aguardaban pacientemente en la orilla, quizás esperando como yo la llegada de la luz y el calor solar. La superficie del agua solo era perturbada por las esporádicas pasadas de las golondrinas que, en perfecto vuelo rasante, daban pequeños sorbos antes de que el lugar se convirtiera en un hervidero de grandes mamíferos que ofrecieran demasiados obstáculos para sus maniobras de vuelo acrobático.

No soy místico en absoluto, pero aquel amanecer realmente lo fue. Cuando la gran bola de fuego empezó a emerger, los primeros rayos golpearon de lleno mi pecho para ascender rápidamente a mi cara. Cegado, cerré los ojos y respiré hondo disfrutando de tan maravillosa sensación. Me sentía mágicamente reparado. Al cabo de unos minutos percibí cómo el calor se desplazaba. El sol ascendía y el mundo empezaba a despertar. Quise mantener los ojos cerrados un poco más, agudizando el oído a los cantos de los tejedores y a las aves de la orilla, que a juzgar por los sonidos que emitían, habían entrado al agua como activadas por un resorte.

Cuando abrí los ojos una figura lejana había aparecido en el horizonte. Parpadeé varias veces para fijar la vista. Era una

soberbia jirafa. El gigante avanzaba con hipnótica cadencia a través de la llanura; sin prisa, pero con decisión, llegó hasta la poza para detenerse en su orilla. Nada había en rededor que pudiera suponer un peligro para semejante mole. A pesar de ello, aquel espléndido animal no se fiaba. Con el cuello totalmente erguido, oteaba a izquierda y derecha cada vez más impaciente, como si esperara algo o a alguien. ¿Qué le pasaba?, ¿podía captar algo que yo no? Me incliné sobre mis rodillas y esperé acontecimientos. Entre tanto, empezó el continuo goteo de asiduos al lugar. Los primeros ñus llegaron en compañía de una pareja de impalas y una cebra solitaria. Los ñus decidieron matar dos pájaros de un tiro y bañares al tiempo que bebían. Los impalas y la cebra se limitaron a beber decorosamente en la orilla, ignorando a la jirafa que persistía en su vigía. Al cabo de unos 20 minutos, otra jirafa hizo su aparición colocándose junto a su compañera sin brindar la más mínima muestra de complicidad. Ambas observaron simultáneamente todo cuanto les rodeaba, cuadraron sus cuellos mirando al frente durante unos segundos hasta que la primera jirafa retrocedió, abrió las patas delanteras y se inclinó sobre el agua para beber. Algo tan básico como beber es algo que a las jirafas les supone grandes trastornos. Sin embargo, a causa de su gracia incomparable, el proceso constituye una simpática coreografía. Las jirafas deben adoptar una postura realmente ortopédica para que su alta presión sanguínea no acumule la sangre en la cabeza. Esta maniobra las vuelve tremendamente vulnerables a los depredadores que gustan de apostarse en los abrevaderos. Por ello, las jirafas suelen beber acompañadas y por turnos.

Durante los años 80 del pasado siglo, un enamorado de las jirafas, el fisiólogo Alan Hargens, estudió a estos animales para resolver un importante problema al que se enfrentaba la NASA. Los astronautas que regresaban del espacio debían afrontar una rápida transición de un entorno ingrávido a la gravedad de la Tierra. Durante las expediciones espaciales, los vasos sanguíneos de las piernas de los astronautas perdían grosor. De vuelta a la Tierra, la gravedad llenaba rápidamente estos con sangre, lo que provocaba importantes pérdidas de conocimiento.

El equipo de Hargens observó que las crías de jirafa experimentaban un proceso muy similar cuando nacían. Pasaban repentinamente de la ingravidez del útero materno a la gravedad terrestre. Poco después del parto, el sistema circulatorio de las pequeñas jirafas regaba sus patas para permitirles caminar cuando solo contaban con una hora de vida. Había que imitar tan eficiente sistema. Así, se diseñó un dispositivo que aplicaba presión negativa a los miembros inferiores reproduciendo las condiciones de gravedad de la Tierra. Incorporado a los trajes espaciales, este invento inspirado en las jirafas evitaba que los exploradores espaciales quedaran inconscientes cuando regresaban a casa.

🐾 LA DANZA DE LA LUCHA

Avanzábamos por una polvorienta pista del parque nacional de Chobe en Botswana, cuando descubrimos un hermoso grupo de jirafas. Las más grandes de ellas eran un par de machos que permanecían uno junto a otro. Pronto, empezaron a empujarse, calibrando la fuerza del oponente. A los empujones, les siguió un elegante baile en el que ambos colosos empezaron a agitar sus cuellos. Pero no se trataba de una bella danza, sino de un combate. Ambos machos empezaron a golpearse con sus poderosos cuellos y a proferirse cabezazos intentando herir con sus grandes osiconos al contrario. Podíamos escuchar los golpes a pesar de la distancia. Los combates entre jirafas no acostumbran a pasar de ahí. Unos cuantos golpes son suficiente para determinar quién es el más fuerte y, por ende, el que manda. Efectivamente, al cabo de un par de minutos, uno de los contendientes se retiró y tanto vencedor como vencido volvieron a su tarea habitual de alimentarse de hojas de acacia sin que la paz del lugar llegara a interrumpirse. Sin rencores.

 EL HÍGADO MÁGICO

A pesar de su popularidad, las jirafas guardan un misterio que aún no ha podido ser confirmado. Recuerdo cuando estaba realizando mi trabajo de fin de carrera sobre etnobotánica. Acudí a un libro que encontré en la biblioteca de humanidades de la Facultad de Geografía e Historia de Valencia con el elocuente título de *Las drogas en la Prehistoria*. Aunque era un volumen de paleo-etnobotánica, al principio tenía un pequeño apartado dedicado a las sustancias psicotrópicas que pueden encontrarse en algunos animales o en partes de ellos. El grueso de este apartado estaba dedicado, como no podía ser de otra manera, a los anfibios, especialmente americanos. Al final del mismo, un pequeño párrafo describía una observación de campo llevada a cabo en 1950 por el antropólogo inglés Ian Cunnison sobre la tribu sudanesa de los humur. Este pueblo realizaba la *zeraf*, la caza de la jirafa a caballo y con lanza. Una vez abatido el animal, las partes más apreciadas eran el hígado y la médula ósea con las que se preparaba una bebida con propiedades alucinógenas llamada *Umm Nyolokh*. Desde entonces, nadie ha verificado científicamente el testimonio de Cunnison. Un misterio más esperando a ser resuelto.

8
CHICAS AL PODER

Las hembras de gacela Thompson corrían a toda velocidad y en zigzag por toda la pradera intentando confundir a sus enemigos. Una pareja de chacales había aparecido a la búsqueda de las crías que, inmóviles entre la vegetación, confiaban en el camuflaje para salvar la vida. La actividad era frenética, animales corriendo de un lado a otro en aparente caos hacían difícil que pudiéramos centrar los objetivos de nuestras cámaras en un punto concreto.

—¡Tiene una, el macho tiene una! —gritó Joseph mientras seguía a uno de los chacales que se alejaba al trote con una cría de gacela todavía viva entre los dientes.

—¡Fisi, fisi! —dijo de nuevo señalando con el dedo mientras conducía a través de la sabana.

A nuestra izquierda, una hiena solitaria corría rauda hacia donde se encontraba el chacal. El pequeño cánido no tenía opción. Abrió la boca en un gesto que mezclaba la sorpresa y el terror y abandonó su presa al recién llegado sin oponer resistencia. Tendida en la hierba, malherida pero aún con vida, la pequeña gacela luchaba por ponerse de pie. No tuvo tiempo. Cuando la enorme hiena la alcanzó, le partió el cráneo de una sonora dentellada y empezó a despedazarla. Nunca olvidaré el crujido de los huesos y los sonidos que hacían los músculos y la piel siendo

resquebrajados por la mandíbula de aquella bestia. El banquete fue rápido; no quedó ni un hueso. En apenas cinco minutos, la pequeña gacela había pasado de estar tomando el sol entre la hierba fresca del prado, a no ser más que unos pocos restos de pelo que se alejaban con la brisa.

Pocos animales cargan con peor fama y a la vez resultan tan interesantes como las hienas. Cierto es que su aspecto no ayuda. Sus cuartos traseros cortos hacen que el lomo quede inclinado hacia abajo confiriéndole unos andares poco gráciles. Un pelaje puntiagudo y poco lustroso le da una apariencia poco elegante. Sus grandes dientes, los extraños sonidos que produce —similares a una risa socarrona— y su condición de carroñera y animal nocturno hacen el resto.

MADRES CORAJE

Pero las hienas no son lo que parecen. A pesar de su apariencia perruna, la suya constituye una antigua familia en sí misma, más cercana a las mangostas y felinos que a los cánidos. En África viven cuatro especies: el pequeño proteles, apenas más grande que un perro de ocho kilos; la hiena rayada, la parda y la más grande y sociable, la manchada. Pese a la imagen de animal carroñero y oportunista que la cultura popular ha dado de ellas, lo cierto es que las hienas, especialmente las manchadas, son hábiles cazadoras. En realidad, son los leones los que, sirviéndose de su mayor fuerza, roban las presas a las hienas y no al revés. El antagonismo entre los grandes felinos y las hienas hunde sus raíces en la noche de los tiempos. Al luchar por los mismos recursos, ambas especies intentan acabar con la competencia asesinando a los cachorros del otro. Lo interesante de este brutal comportamiento es que hienas, leones y leopardos no suelen comerse las crías rivales que abaten. Se trata de mera estrategia.

La competencia en la sabana es despiadada. Por ello, la hiena manchada ha evolucionado hasta convertirse en el mamífero quebrantahuesos. Con una mordedura capaz de ejercer una presión de 800 kilos por centímetro cuadrado, la hiena puede aprovechar los huesos más duros de sus presas. A causa de esta dieta, sus excrementos son blancos y poseen la textura de una tiza.

Pero seguramente, el aspecto más fascinante de las hienas sea su organización social. En las manadas de hienas manchadas son ellas, mucho más grandes y fuertes, las que llevan los pantalones. Tanto es así que las hembras han desarrollado unos genitales de aspecto masculino. El clítoris tiene el mismo tamaño que el pene de los machos y, como este, es eréctil. Por su parte, los labios de la vulva recuerdan a un escroto. Tan insólita anatomía confiere a las hembras un gran poder ya que, para aparearse, deben retraer el clítoris para permitir la copula. Pero es este mismo órgano el que dificulta enormemente los alumbramientos. Muchos cachorros de hiena se asfixian durante el parto al quedar atascados en tan estrecho conducto. Los pequeños que logran nacer, heredan la posición social de su madre dentro de la manada.

Las hienas manchadas eran protagonistas de nuestro documental *Heroínas de la Sabana*. Queríamos mostrar su complejo matriarcado.

—La madriguera está ahí delante —dijo Joseph mientras conducía a través del Parque Nacional de Amboseli con la inconfundible imagen del Kilimanjaro de fondo.

El lugar era exactamente como cualquiera puede imaginarse una guarida de hienas. Un páramo reseco, lleno de huesos y restos de pezuñas y cueros. Alrededor de la boca de la madriguera, una decena de hienas con los estómagos visiblemente llenos sesteaban descansando de lo que, seguramente, había sido una noche llena de acción. Los ejemplares más jóvenes se acercaron curiosos a nuestro jeep. Después de juguetear un rato mordisqueando los neumáticos para fastidio de Joseph, volvieron a holgazanear a excepción de un jovenzuelo que empezó a apurar los restos de una pata de ñu. Al principio parecía un juego, pero cuando la joven hiena decidió que tenía antojo de tuétano, simplemente colocó la robusta pata entre sus dientes y apretó. A pesar de no haber alcanzado su talla y fuerzas máximas, aquel animalito logró partir el hueso al instante generando un crujido difícil de olvidar.

Impresionados por la fuerza de esas mandíbulas, tardamos en ver que del interior del cubil habían emergido dos bolitas de pelo negro. Dos crías de apenas un mes de edad. Todos los miembros de la manada empezaron a hacerles carantoñas, tanto a las crías como a la madre que las amamantaba, exhibiendo una ternura, inteligencia y complejidad social que dista mucho de la imagen que se suele proyectar de las hienas. Con excepción de los elefantes, no he visto a ningún animal africano capaz de tanta ternura como las vilipendiadas hienas.

◢◣◤ GADAWAN KURA

Las hienas son las protagonistas de la versión africana de la leyenda del hombre lobo. Se cuentan historias de malvados brujos que se transforman en este animal para hacer el mal. En Somalia, los hechiceros Qori Ismaris podían transformarse en hienas al caer la noche frotándose con un palo mágico. Al alba, cumplidas sus maléficas tareas, recuperaban su apariencia humana. En Etiopía, los judíos del país conocidos como Falashas han sido acusados durante siglos por los cristianos ortodoxos dominantes en el país de ser *boudas*, hombres hiena con capacidad de practicar el mal de ojo y saquear las tumbas de los difuntos para hacer magia negra. Pero no todas las tradiciones atribuyen a la hiena poderes oscuros. Para los miembros del culto *Kore* del pueblo Bamana de Mali, la hiena es una maestra. Durante sus ritos iniciáticos, danzan con máscaras que semejan su rostro mientras imparten un código de conducta que los nuevos iniciados deben seguir.

A principios de siglo XXI, el fotógrafo sudafricano Pieter Hugo viajó hasta la ciudad de Abuja, en Nigeria, para realizar un reportaje fotográfico que daría la vuelta al mundo. Su objetivo era documentar la vida y actividades de los Gadawan Kura, el clan de los hombres hiena. La potencia de las instantáneas de Hugo mostraba unos fornidos hombres de aspecto fiero en compañía de grandes hienas que controlaban por medio de gruesas cadenas. La mala e inmerecida reputación de estos animales y una cuidada puesta en escena favorecen el halo de misterio que rodea a este grupo. Pero en realidad, los hombres hiena no son más que la versión nigeriana de los antiguos gitanos que recorrían los pueblos con un oso o una cabra bailarines al que habían enseñado a hacer trucos a cambio de unas monedas. Al igual que los zíngaros, los Gadawan Kura son un grupo familiar que transmite su brutal doma de hienas, babuinos y serpientes de padres a hijos. Estos animales sometidos a maltrato son el gancho para vender sus hierbas mágicas que, según ellos, les protegen de la fiereza de sus bestias y que venden a los habitantes de los lugares donde muestran su espectáculo itinerante.

Los Gadawan Kura también protagonizan un ritual escalofriante en el que se emplean bebés humanos. En el folclore local, la hiena encarna el mal. Dominarla implica tener control contra las fuerzas malignas. De este modo, para bendecir a los recién nacidos se los coloca junto a una hiena a la que previamente se le ha dado a oler sangre fresca para excitarla. Hiena y bebé son cubiertos con una manta mientras se danza y canta a su alrededor. Si la hiena no ataca al bebé, significa que este tendrá un buen porvenir ya que el mal lo ignora.

En Harrar, la cuarta ciudad santa del islam situada al este de Etiopía, existen otros hombres hiena. Hace más de 50 años, Yusuf Mume Salleh inició una extraña relación con las hienas que deambulaban por las afueras de la ciudad. Ofreciéndoles alimento, logró apaciguar su carácter, manteniéndolas alejadas de los rebaños domésticos y convirtiéndolas en uno de los principales atractivos del país. Salleh transmitió su conocimiento a su hijo Abbas Yusuf, quien heredó el título de hombre hiena y se encarga de mantener la tradición creada por su padre.

El guía de viajes debe buscar y encontrar momentos de soledad y recogimiento que le recuerden el privilegio que es dedicarse a compartir la belleza del mundo con los demás. Uno de esos momentos se había alargado demasiado y había caído dormido en un solitario puesto de observación que hacía tiempo que no mostraba nada relevante. Cuando me levantaba para marcharme, un animal demacrado apareció entre las tinieblas. Volví a mi posición de inmediato. Me costó identificarla, pero finalmente pude ver con claridad que se trataba de una hiena parda. Esta es una especie más pequeña y solitaria que la manchada. Al carecer de la fuerza del grupo, prefiere la discreción y las presas más pequeñas.

No puede decirse que fuera un animal hermoso, pero lo difícil de observarlo en estado salvaje confería al encuentro cierta magia. Allí estábamos; solos la hiena, la luna y yo. El animal olfateó el aire en busca del tufo de algún competidor. A pesar de ser un depredador, la hiena parda tiene muchos enemigos. No es el animal más grande ni más malo que deambula por la noche africana. Su nerviosismo se podía captar a distancia. Cuando se aseguró de que el lugar era seguro, dio un rápido sorbo de agua. De súbito levantó la cabeza y empezó a mover las orejas mirando fijamente a la oscuridad. Dio un par de pasos hacía la penumbra cuando el tremendo rugido de un león, profundo como un trueno, nos sobresaltó a ambos. Ese fue el final del encuentro. La hiena entró en pánico y emprendió la huida en la dirección contraria a la procedencia del rugido. El lugar quedó desierto y sumido en el más absoluto silencio. Esperé cerca de una hora a que el autor del rugido se mostrara, pero no fue así.

De vuelta al campamento, me topé con cuatro puntos brillantes que atribuí a los ojillos de las mangostas rayadas que había visto deambular por el lugar horas antes. El corazón casi se me paró cuando esos puntos se quedaron fijos en mí. Nervioso, casi temblando, encendí el frontal que solo alcanzó a iluminar una pata peluda y moteada. Había llegado el momento de volver a la tienda de una vez. Poniendo pies en polvorosa, llegué al campamento donde hacía tiempo que todos dormían. Me acosté empapado en sudor y miedo. Esa noche soñé con los dichosos Gadawan Kura.

9
BLANCO
SOBRE NEGRO

Mientras lee estas líneas, miles de cebras pastan en las sabanas de África. De vez en cuando, entre esa ingente masa de rayas blanquinegras, surge algo especial. A principios de 2020, un potro diferente al resto nació en la reserva keniata de Masái Mara. Tira, llamada así por Anthony Tira, el guía de safari que la descubrió, alcanzó fama mundial debido a lo insólito de su color. A diferencia de sus congéneres que presentan un patrón de rayas blancas y negras exclusivo para cada individuo, Tira era completamente negra. Este potro oscuro nos permite responder a la eterna pregunta que nunca falta en ningún safari: ¿Las cebras son blancas con rayas negras o negras con rayas blancas?

Lo cierto es que, a nivel embrionario, todas las cebras son como la pequeña Tira. Los embriones poseen altos niveles de melanina que les confiere un color negro y que pierden según avanza la gestación, por lo tanto, las cebras son negras con rayas blancas.

Una vez resuelta la cuestión cromática, siempre le sigue la de la utilidad: ¿por qué las cebras tienen rayas? Esta pregunta resulta bastante más compleja de responder. Muchos años antes de poner el pie en África, durante mi infancia, crecí con la muy extendida explicación de que las rayas servían para difuminar a cada cebra en el grueso de la manada y confundir a los depre-

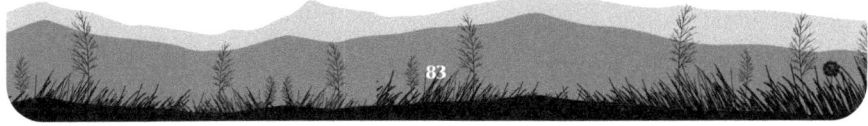

dadores por medio de un efecto óptico conocido como deslumbramiento por movimiento.

Sin embargo, nuevos estudios sugieren otras explicaciones. Una de las más populares indicaba que el diseño rayado de su piel generaba una ilusión óptica llamada efecto de apertura que protegía a las cebras de las picaduras de los insectos al confundir a estos e impedirles aterrizar sobre sus cuerpos. Al parecer, las moscas creen que la superficie de aterrizaje se encuentra más lejos de lo que realmente está. Por lo tanto, la mosca no reduce la velocidad de vuelo para aterrizar y acaba estrellándose y rebotando contra los cuerpos de las cebras. No obstante, en la actualidad la teoría más aceptada es la del control térmico. Los datos revelaron una diferencia de temperatura entre las franjas blancas y negras, siendo estas últimas las que absorbían más calor. Esta diferencia se incrementa a medida que el día avanza y la temperatura aumenta. La actividad del aire entre estas franjas blancas y negras genera pequeños movimientos convectivos que ayudan a la cebra a termorregularse.

🦓 LA CEBRA DE MADRID

Un día, durante los inicios de mi actividad como articulista, recibí un curioso email. En mi bandeja de entrada encontré un mensaje del editor jefe de la revista *Historia National Geographic*. En él se encontraba la imagen del retrato de una cebra con un texto que decía: «Hemos encontrado este cuadro, está en el Prado aunque no está expuesto. ¿Puedes averiguar de dónde salió esa cebra, cómo y por qué llegó a Madrid y escribir un artículo?». El encargo suponía un pequeño reto. Hasta entonces había escrito sobre historias de animales que me eran previamente conocidas. Pero ahora, la historia de esa cebra inmortalizada en una pintura me era totalmente ajena y solo contaba con el mencionado cuadro y el nombre de su autor: Luis Meléndez Paret. La documentación que la redacción de ese artículo requirió me descubrió una historia fascinante y una faceta poco conocida de las cebras.

Las cebras siempre han sido uno de los animales africanos más populares. Su apariencia similar al burro o al caballo combinada con su excéntrica librea le han granjeado la simpatía del ser humano. Los caballos rayados, como se les llegó a conocer, alcanzaron el cénit de su popularidad durante la Ilustración europea. El extraño équido no tardó en convertirse en la pieza más codiciada de los coleccionistas de animales exóticos que copaban las altas esferas europeas del siglo XVIII. La expansión geográfica, la difusión del enciclopedismo y una renovada fe en la ciencia y la exploración de los últimos rincones del planeta, crearon en las élites del continente un gusto cada vez mayor por el exotismo que desprendían aquellos remotos lugares. Poseer objetos o animales procedentes de tierras lejanas constituía, además de una satisfacción intelectual, un elemento de prestigio que ensalzaba el poder de su propietario. Entre estos acaudalados aficionados se encontraba el hermano menor del monarca español Carlos III, el infante don Luis Antonio Jaime de Borbón.

En el Real Sitio de El Pardo, don Luís poseía la llamada Casa del Gallo, construida en la década de 1760 y destinada a acoger su colección de aves. Posteriormente, en 1770, los especímenes fueron trasladados a una nueva residencia conocida como la Casa de Campo del infante don Luís. Sin embargo, de entre las diferentes residencias del infante, cabe destacar la del palacio de Boadilla del Monte. Este fue el emplazamiento de su mayor colección, un pequeño zoológico construido en 1773 al que se conocía como El Gallinero. Allí vivían numerosos animales vivos como caballos, asnos, vacas o perros que compartían espacio con animales exóticos como un oso que sobrevivió al infante y que fue sacrificado por orden de su hermano Carlos III, 29 cabras de angora procedentes de Turquía, un sinfín de aves y una hermosa cebra, la auténtica joya de la colección.

Al estar adaptadas para escapar de los depredadores de la sabana africana, las cebras resultaban realmente difíciles de capturar, lo que encarecía su precio. La mayoría de los ejemplares llegaban a Europa en barcos holandeses y portugueses procedentes de África austral, en concreto de la zona del Cabo de Buena Esperanza. Tal era el valor de aquella cebra, que el infante encargó a su pintor de cámara Luis Meléndez Paret que la inmortalizara en uno de sus cuadros. Paret plasmó con gran realismo al animal queriendo dejar constancia de que la preciada cebra se encontraba viva y en buen estado en manos de su señor. Para confirmarlo, el pintor escribió en la firma que acompaña a la pintura: «La zebra copiada por la natural que existe. / Viva en posesión del Sere.mo S.or Dn. Luis Antonio Jaime de Borbón infante de España».

Al morir la cebra, don Luís ordenó que la disecaran. Desgraciadamente, el ejemplar se perdió. En la actualidad, de aquel animal solo queda la ilustración que realizó Paret y que actualmente se encuentra fuera de exposición en el madrileño museo de El Prado.

RESUCITAR AL QUAGGA

En la actualidad, en África pueden encontrarse ocho subespecies de cebra. Por desgracia, la que probablemente fuera la más hermosa de ellas, fue extinta por los colones holandeses de África austral en el siglo XIX.

El quagga era una subespecie de cebra común cuyo aspecto difería bastante de las clásicas rayas blancas y negras. Presentaba un pelaje liso color caramelo en el lomo y cuartos traseros y solo tenía rayas en el cuello y la cabeza. Las patas eran completamente blancas. Su nombre, atribuido a los indígenas Khoisan, deriva del sonido que producía el animal. Fue cazado con profusión por los colonos ya que su carne era muy apreciada, su cuero de gran calidad y competía por los pastos con el ganado doméstico. Así, en 1878 el último quagga salvaje fue abatido. Cinco años más tarde, una yegua que llevaba 16 años en cautividad, murió en el zoológico Artis Magistra de Amsterdam el 12 de agosto de 1883. Sin que nadie lo supiera, aquella hembra era la última de su especie. El quagga se había extinguido.

En una historia que inspiró a Michael Crichton para su inmortal obra *Jurassic Park*, desde 1987 se lleva desarrollando un proyecto que tiene como objetivo resucitar a esta hermosa subespecie de cebra. La idea sin embargo venía de antes. En 1955, el zoólogo alemán Lutz Heck ya sugirió que la cría selectiva de cebras comunes que presentaran pelajes similares a los del quagga, con pocas rayas y un color pardo, podría producir animales idénticos a este. Por entonces, se consideraba al quagga una especie diferente de cebra, lo que imposibilitaba la propuesta de Heck.

Sin embargo, análisis de ADN llevados a cabo con muestras biológicas que se conservaban en museos de ciencias naturales, permitieron dilucidar que, finalmente, el quagga era una subespecie de cebra común y por ello la idea de Lutz Heck era factible. A la luz de esta revelación, un taxidermista del museo sudafricano en Ciudad del Cabo llamado Reinhold Rau inició el Proyecto Quagga para devolver a las llanuras del sur de África a esta cebra única.

Durante marzo de 1987, nueve cebras de Burchell fueron seleccionadas y capturadas en el parque nacional namibio de Etosha. Su traslado a Sudáfrica el 24 de abril de 1987, marcó el comienzo del proyecto de cría. El primer potro nació el 9 de diciembre de 1988, y para 2004 los grupos de cría del Proyecto Quagga vivían en 11 localidades cerca de Ciudad del Cabo. En la actualidad, el proyecto cuenta con más de 80 ejemplares. Se espera que esta reproducción selectiva continúe con generaciones sucesivas, reduciendo cada vez más tanto el color como la extensión de las rayas propias de las cebras de Burchell y produciendo progresivamente ejemplares con patrones de pelaje cada vez más similares a los del extinto quagga.

〽 EL CEBRO IBÉRICO

Sin duda, la cebra es un animal icónico de África, imposible de encontrar en ningún otro lugar del mundo. No obstante, se trata de una criatura con insospechados vínculos europeos. Etimológicamente, la palabra cebra deriva del cebro, un asno salvaje cuya presencia en la Península Ibérica aparece documentada desde el arte rupestre prehistórico hasta las crónicas de caza medievales.

Al igual que ocurrió en África con el quagga, el cebro fue una codiciada pieza cinegética dada la calidad de su carne y cuero. Cuando los navegantes portugueses empezaron a explorar el litoral africano y llegaron al cabo de Buena Esperanza, a finales del siglo XV, se encontraron con los ya citados quaggas. Su aspecto debió recordarles a los cebros ibéricos, razón por la cual nombraron a los équidos africanos como cebras.

Las crónicas medievales describen al cebro como un herbívoro parecido al asno pero de mayor alzada, más fuerte y robusto, veloz y de carácter temperamental y huidizo. Su pelaje era gris cenizo y presentaba una banda dorsal oscura desde la cruz hasta la cola. Los cambios medioambientales en las llanuras y estepas donde habitaban y la presión cinegética acabaron con el cebro, siendo los últimos ejemplares abatidos a finales del siglo XVI en la actual provincia de Albacete. Pese a su extinción, el cebro nos legó una abundante toponimia que se extiende por buena parte de la geografía ibérica y que nos permite reconstruir su antigua distribución. Quizás el más famoso de los municipios nombrados en honor a este animal sea Cebreros en Ávila, pueblo natal del ex presidente Adolfo Suárez y en cuyo escudo todavía puede verse una hermosa cebra.

De vuelta a las sabanas africanas, el curioso caso del potro negro conocido como Tira puede que sea una señal de alarma. Los científicos han observado un aumento en estas extrañas mutaciones cromáticas, especialmente en poblaciones de cebras aisladas a consecuencia de la actividad humana. Este aislamiento conduce inevitablemente a la endogamia, lo que genera problemas genéticos entre cuyas manifestaciones más evidentes se encuentran patrones de rayas aberrantes como el de Tira. Pero estas extrañas coloraciones no son lo peor. La genética empobrecida acarrea un descenso de la fertilidad que podía acabar por extinguir a los queridos asnos rayados de África.

10
LOS DIOSES DE ÁFRICA

El sol se ponía una vez más en aquel lago africano, ancho como el mar. La noche cercana traía aromas frescos mientras los pigargos vocingleros aprovechaban las últimas luces para llenar el lugar con su característico canto aflautado. Tan bucólica estampa voló por los aires cuando en la distancia una nube de polvo anunciaba la llegada en estampida de una manada de elefantes. Era como si vieran el agua por primera vez. Sin el menor decoro, caminaron a través de las aguas hasta que estas ocultaron sus enormes cuerpos casi por completo. Los pequeños de la familia acabaron usando la trompa a modo de cómico periscopio mientras volvían a la orilla para recuperar una profundidad más cómoda para sus cortas patas. La manada al completo se deleitaba con evidente placer, se les veía felices y su felicidad se adueñó de mí.

Algo especial tienen los elefantes que conecta con nosotros. Algo que nos impide apartar la mirada cuando están cerca. Nuestra especie evolucionó en las mismas sabanas africanas que ellos dominaban. Los conocemos y admiramos desde el mismo inicio de nuestra historia. Puede que los leones sean los reyes de África, pero los elefantes son los dioses. Unos dioses que, a pesar de los milenios, no han perdido ni un ápice de su místico influjo. Los herbívoros se inclinan y los pájaros revolotean. Los humanos se paralizan y los leones huyen. La tierra tiembla cuando llegan los elefantes.

Jamás olvidaré la primera vez que los vi. Circulábamos a través de una frondosa senda cuando de repente, a nuestra izquierda, dos pequeñas pero robustas patas grises asomaron entre la vegetación. A los pocos segundos, un pequeño elefantito se mostró con las orejotas extendidas y la trompa colgando, aún torpe dada la corta edad de su propietario. Su madre emergió de la nada para envolver al pequeño con su trompa incitándole a retroceder.

Nosotros estábamos extasiados, pero nuestro experimentado guía Denis se mostraba visiblemente tenso. El resto de la manada se presentó por el lado opuesto de la senda rodeándonos en cuestión de segundos. Estaban tan cerca que perfectamente podrían haber metido sus trompas en el coche y estrecharnos con ellas la mano.

—No lleváis encima alcohol ni fruta, ¿verdad? —preguntó Denis con gesto serio mientras contaba elefantes con la mirada.

—No, nadie —respondimos al unísono.

—Nos están oliendo, examinando. Si lleváramos una de las dos cosas seguramente intentarían conseguirlas y tendríamos problemas. De todas formas, lo siento, pero tenemos que movernos, estamos demasiado expuestos. Así que, por favor, no me pidáis que pare para sacar fotos. Iré despacio, pero no debemos pararnos. Ahora estamos a su merced.

Denis tenía razón, como siempre. No resultaba difícil leer la situación. La manada había cruzado la pista antes de nuestra llegada. La madre y la cría avanzaban más despacio a causa de esta. Sin quererlo, nuestro coche se había interpuesto entre la madre y el resto de su familia. La manada había vuelto sobre sus pasos para asegurarse de que no suponíamos ninguna amenaza para sus dos miembros más vulnerables.

Los elefantes se apoyan entre ellos. Así, podemos ver que animales con alguna tara siguen adelante gracias al apoyo del grupo. No parecían especialmente alterados, no debía ser el primer coche de safari que veían. Aun así, sus cabezas erguidas apuntándonos con sus colmillos dejaron claro que eran ellos quienes controlaban la situación.

Cuando hubimos dejado atrás a la manada, todos estábamos exultantes de felicidad y preguntándonos cómo alguien podía ser capaz de abatir a un animal tan maravilloso.

ᴍ ¿MATAR O TRANSLOCAR?

Tenemos pruebas de que la caza de elefantes era práctica habitual en el África subsahariana desde la prehistoria. Prácticamente cada parte de su anatomía tenía una aplicación. A la gran cantidad de carne había que sumar la utilidad de la piel para hacer ropajes y tambores o revestir los escudos. El pelo de la cola era un poderoso amuleto cuyo valor ha llegado a la actualidad. Por lo que respecta al marfil de los colmillos, apenas se utilizaba para tallar ídolos o elementos decorativos de uso cotidiano, nada que ver con el elevado valor que alcanzaría con la exportación siglos después.

Su tamaño hacía de ellos presas tan peligrosas como valoradas por lo que los cazadores de elefantes formaban a lo largo del continente una casta diferenciada habitualmente organizada en sociedades secretas y que gozaban de gran prestigio. Famosas fueron la sociedad de los Cokwe de Angola o los Kamba de Kenia. Los métodos de caza eran lentos y terriblemente doloroso para los animales. Lanceados con puntas de hierro y acribillados con flechas envenenadas, los paquidermos podían tardar días en morir. En el proceso, heridos, furiosos y presas del pánico podían causar numerosas bajas entre las partidas de cazadores antes de sucumbir.

A finales del siglo XIX y principios del XX, las sociedades de cazadores nativos fueron sustituidas por un nuevo y novelesco personaje: el cazador blanco. Algunos eran tan célebres como Denys Finch Hatton (inmortalizado en el cine por Robert Redford en Memorias de África), el presidente estadounidense Theodore Roosevelt o el novelista Ernest Hemingway.

¿Es necesario matar elefantes? ¿Es ético matar elefantes? De lo que no hay duda es que siguen siendo los trofeos más codiciados por los cazadores. Sin embargo, un elefante no puede y no debe ser considerado igual que el resto de especies cinegéticas. No es lo mismo cazar un conejo que un animal que posee la complejidad cerebral de un niño. Pero, ¿vale más la vida de un elefante que la de un grupo de humanos? Lo cierto es que los elefantes, aunque solo sea por su tamaño y fuerza, pueden llegar a ser animales tremendamente peligrosos. Cada año, los machos adultos que viven apartados de las manadas entran en un estado de excitación sexual conocido como Must, en el que son perfectamente capaces de arrasar aldeas enteras.

El peligro de una superpoblación de elefantes se hace patente en lugares como Botsuana, hogar de 130 000 ejemplares, la mayor población de África. Se les puede ver a todas horas y prácticamente en cualquier lugar; en los bordes de las carreteras, cerca de las poblaciones y por supuesto, en los *lodges* haciendo las delicias de los turistas. Un elefante africano adulto necesita al día unos 135 kilos de pasto y puede llegar a beber 160 litros de agua para mantener sus cinco toneladas de peso. Es fácil calcular el impacto que las grandes manadas tienen en su entorno y en todos los animales que viven en él. Los humanos no somos los únicos capaces de desequilibrar ecosistemas.

La translocación de ejemplares a zonas donde su población sea más escasa parece la mejor solución, pero es una solución costosa en recursos y compleja en logística. Además, la sofisticada vida social de los elefantes hace que sea muy complicado separar a ejemplares concretos de sus manadas. La solución más rápida y lucrativa para las paupérrimas economías locales es vender los permisos de caza a los cazadores de trofeos europeos o norteamericanos. Estos pagan altísimas sumas que pueden alcanzar los 30 000 dólares. Por lo tanto, siendo pragmáticos, resulta evidente que regular las poblaciones de elefantes como se hace en Europa con otros herbívoros como ciervos y jabalíes es la mejor de las opciones. Sería así de no ser porque un elefante no es igual que un ciervo o un jabalí. No lo es al menos a nivel cognitivo, ni lo es a nivel emocional para el ser humano. Un dilema a la altura de su tamaño.

UNA NARIZ MUY LARGA

Desde aquella primera vez, he tenido el privilegio de pasar muchas horas con elefantes africanos en libertad. He visto cientos de ellos, pero nunca he olvidado aquella primera manada en Uganda y a aquella cría. Y precisamente es un elefantito torpe el protagonista de la fábula sobre el origen de este curioso apéndice.

Según la leyenda, los elefantes no tenían en origen su famosa trompa, solo una nariz grande y bulbosa como una bota con la que no podían beber ni agarrar cosas. Un buen día, un joven elefante lleno de curiosidad decidió que quería averiguar qué comían los cocodrilos. Los demás elefantes le ordenaron callar mientras le daban coscorrones. Pese a esto, el elefantito seguía buscando una respuesta. Así, le preguntó a un pájaro cálao[4] que encontró posado en la rama de una acacia.

—Si quieres saberlo, debes ir a la orilla del río Limpopo —respondió el ave con un lúgubre graznido.

Satisfecho con la respuesta, el elefante se puso en marcha. Pero había un problema; no solo no sabía lo que comían los cocodrilos, sino que tampoco tenía la menor idea sobre qué aspecto podían tener estos seres. De este modo, cuando llegó a orillas del Limpopo, pisó sin darse cuenta un tronco. Para su sorpresa, el tronco no era tal, sino un inmenso cocodrilo que enseguida se revolvió y entró al río.

—Perdone —preguntó el joven elefante con la mayor de las cortesías—, ¿ha visto usted algún cocodrilo por aquí?

—Acércate, pequeño —dijo el cocodrilo sonriendo—. Yo soy el cocodrilo.

El curiosos elefante no podía creerlo. Satisfecho, se arrodilló en la orilla para hablar con él.

—¡Qué maravilla! Usted es exactamente a quien estaba buscando. ¿Sería tan amable de decirme qué come?

—Claro, mi joven amigo —dijo el cocodrilo—, pero acércate más, es un secreto.

El ingenuo elefante inclinó la cabeza aproximándola a las fauces del cocodrilo, que se abrieron en un suspiro haciendo

---

4.- Ave tropical de pico largo y curvado hacía abajo que se distribuye por Melanesia, Asia y África.

presa a su nariz. Sentado sobre sus pequeños cuartos traseros, el asustado elefantito tiró y tiró haciendo que su nariz empezará a estirarse, pero el traicionero cocodrilo no lo soltaba. Tiraba con inmensa fuerza, revolcándose sin parar en el agua dando grandes coletazos. Tras varios y angustiosos minutos de pugna, el gran cocodrilo se rindió y soltó a su presa. Dolorido en la orilla, el elefante empezó a llorar al ver lo estirada y deformada que había quedado su nariz. Avergonzado, esperó tres días para ver si el apéndice recuperaba su forma original, pero no fue así. Al final del tercer día apareció una mosca molesta que empezó a darle picotazos. Instintivamente, el pequeño elefante levantó su nueva trompa y aplastó al insecto. Cuando tuvo hambre, el elefante extendió su larga nariz y tomó un abundante manojo de hierba y con su hábil trompa, se lo introdujo directamente en la boca. A mediodía el calor era insoportable, así que aspiró agua del Limpopo por la nariz y se la echó por todo el cuerpo, refrescando hasta el último recodo de su anatomía como si de una ducha se tratase.

Fresco y animado, el joven elefante inició el regreso a casa. Cuando quería comer fruta, la bajaba fresca del árbol tirando de ella en lugar de esperar a que cayera como hacía antes. Cuando quería hierba, la arrancaba del suelo sin necesidad de arrodillarse. Cuando le acosaban las moscas, las aplastaba o arrancaba la rama de un árbol para espantarlas. Y cuando tenía mucho calor, simplemente se daba una ducha con su nueva trompa.

Cuando llegó al hogar, los demás elefantes se rieron de él.

—¿Qué le has hecho a tu nariz? —preguntaron burlones.

—Me la consiguió el señor cocodrilo a orillas del Limpopo. Le pregunté qué comía y me la dio de recuerdo —respondió el elefantito henchido de confianza.

—Es espantosa —dijeron los miembros de la manada.

—Puede ser, pero es muy útil —respondió orgulloso.

Después de enseñarle a su familia las numerosas ventajas de la trompa, el resto de elefantes sintieron envidia del joven y lo imitaron, poniendo rumbo al Limpopo para que el señor cocodrilo les consiguiera narices nuevas.

EL CRÁNEO DEL CÍCLOPE

Por si sus narices no fueran suficientemente extrañas, los cráneos de los elefantes, también de aspecto único, inspiraron una de las figuras más populares de la antigua mitología griega. Los cíclopes eran gigantes con un único ojo en la frente. En varias islas mediterráneas como Creta, Sicilia o Cerdeña llevan excavándose desde hace años fósiles de elefantes prehistóricos que habitaban la cuenca mediterránea hace miles de años y que eran más pequeños que sus descendientes actuales.

Presumiblemente, algún cráneo de estos antiguos elefantes llamaría la atención de los antiguos griegos, quienes pensaron que el orificio que sirve de soporte para la trompa era la cuenca ocular de un monstruoso cíclope.

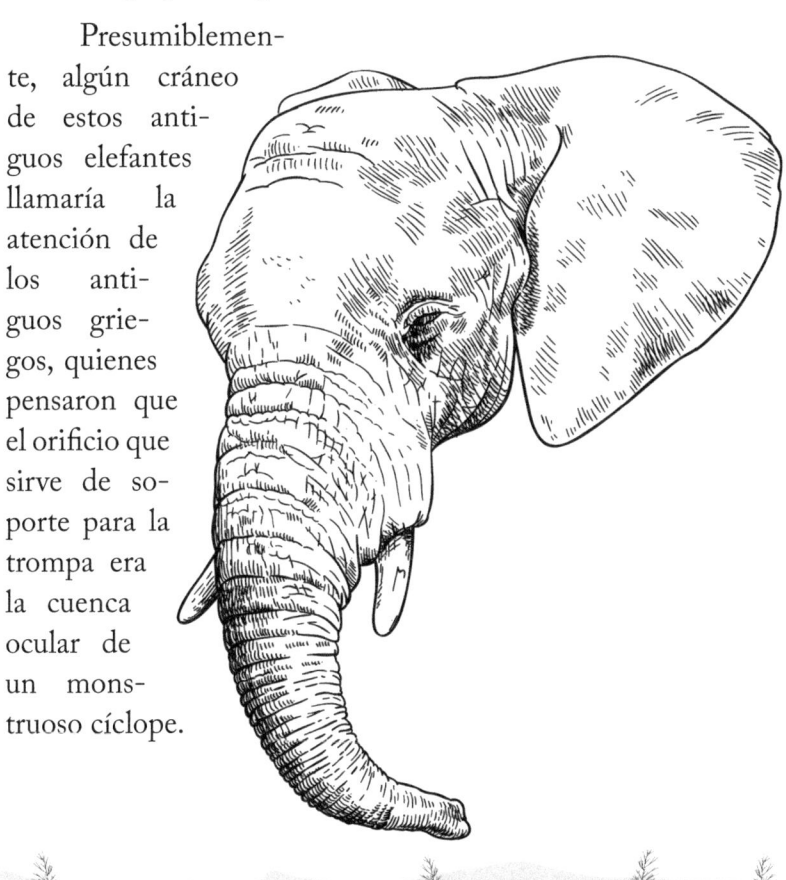

🐘 EL CEMENTERIO DE ELEFANTES

Frente a un frondoso bosque de acacias, un pequeño grupo de elefantes se congregaba en torno a algo que yacía en el suelo. Al acercarnos con nuestro jeep descubrimos que se trataba de una elefanta agonizante. Cuando el animal exhaló su último aliento, su familia se quedó junto a su cuerpo incluyendo a la que parecía ser su cría de menos de un año. Pronto se congregó junto al cuerpo una docena de elefantes que permanecían inmóviles sin dejar de acariciar el cadáver con sus trompas. Pasada una hora y cuando finalmente comprendieron que no podían hacer nada por su compañera, la manada empezó a alejarse. Todos menos el ejemplar más grande y viejo, la matriarca, y la joven cría que se había tumbado al lado de su madre muerta. La matriarca intentaba sin éxito levantar al pequeño con suaves movimientos de su trompa. La cría parecía querer dejarse morir hasta que la matriarca pasó a usar sus enormes patas para obligarla a levantarse. Finalmente, con la cría de pie, la matriarca se puso en marcha. El elefantito seguía acariciando el cuerpo sin moverse de su lado. La matriarca se giró sin hacer nada, como respetando el último adiós de madre e hijo hasta que lentamente el pequeño elefante siguió los pasos de la vieja elefanta para reunirse con la familia que le quedaba y que, de ahora en adelante, cuidaría de ella.

¿Rinden homenaje los elefantes a sus difuntos? Semejante pregunta parecería disparatada si la formulamos en torno a un animal. Sin embargo, la realidad ha demostrado que esta cuestión aplicada a los elefantes no tiene nada de baladí.

Lo que observamos aquella mañana en el Parque Nacional de Amboseli era un comportamiento perfectamente comparable a un luto. Y es entorno a la muerte y a estos gigantes que se creó una de las mayores leyendas africanas: la del cementerio de elefantes.

Estos animales desarrollan a lo largo de su vida seis juegos de muelas, el último de los cuales les crece en torno a los 30 años. Estas piezas dentales son enormes, pudiendo llegar a medir 15 centímetros y pesar cuatro kilos. Cuando el animal ronda los 65 años, el sexto par de muelas se desgasta, lo que imposibilita la alimentación de su propietario e inicia un declive que desemboca inevitablemente en la muerte. Se pensaba que cuando esto ocurría los elefantes, sabedores de la proximidad de su final, gastaban sus últimas fuerzas en desplazarse al lugar secreto de reposo de sus congéneres para allí dejarse morir. El mito cobró especial importancia durante el siglo XIX cuando los buscadores de marfil se lanzaron a intentar encontrarlo para obtener las ingentes cantidades del llamado oro blanco que en él debían encontrarse. Incluso el escritor estadounidense Rice Burroughs lo menciona en su mítica obra de 1912 *Tarzán de los Monos*.

Todas estas expediciones fueron en vano, el cementerio de los elefantes parecía una fantasía africana más. Los elefantes parecían morir allí donde les encontraba la parca. No obstante, no hace mucho que se descubrió un lugar que pudo ser el germen del famoso mito.

En las faldas del monte Elgon, en la frontera entre Uganda y Kenia, existe una intrincada red de cuevas. En su oscuro interior se han encontrado numerosos esqueletos de elefante. Durante generaciones, los elefantes que pueblan las sabanas circundantes, escalan hasta las cavernas en busca de las sales minerales que su dieta no les proporciona. Cavando con sus colmillos en las paredes, los elefantes extraen las sales al tiempo que producen una erosión que en ocasiones acaba en desprendimientos. Manadas enteras han perecido a lo largo de los siglos en estos derrumbes accidentales, lo que ha provocado una insólita acumulación de huesos en estas galerías que llevó a pensar que los elefantes venían aquí a morir. Pero lo cierto es que esta acumulación se debe a la mala suerte de los desafortunados paquidermos más que a su voluntad de morir en compañía de los suyos.

🏔 LA EXTRAÑA FAMILIA

Avanzábamos por un solitario cañón de Namibia cuando de repente:

—¡Mirad, conejos!

Sobre los riscos correteaban con agilidad unas bolas de pelo efectivamente similares a conejos, salvo por sus minúsculas orejas. Finalmente, uno de ellos se detuvo pala olernos desde la distancia mientras fijaba sus ojillos negros en nosotros.

—Eso no es un conejo…

Según se cuenta, la confusión de mi grupo de viajeros también la experimentaron los antiguos fenicios cuando arribaron a la Península Ibérica.

Como bien es sabido, la Península Ibérica estaba repleta de conejos que suponían la base de la cadena alimenticia en la mayoría de sus ecosistemas. En el Mediterráneo oriental, hogar de los fenicios, el lugar de los conejos lo ocupaban los damanes. Según la tradición, los fenicios encontraron, al igual que nuestro grupo, a los conejos ibéricos muy parecidos a los damanes que poblaban las ciudades fenicias y el norte de África. A ellos les debemos el término *i-spn-ya* que significa «tierra de damanes», tradicionalmente traducido de manera errónea como tierra de conejos.

Damanes, eso eran las bolas de pelo que nos observaban con curiosidad.

El damán vive en lugares rocosos de hábitats áridos. Son animales diurnos y suelen vivir en colonias que van de 4 a 8 individuos. Observándolos, uno piensa instantáneamente en los roedores. Sin embargo, y por increíble que parezca, este pequeño y rollizo ser está emparentado con el poderoso elefante. Aunque difieran en aspecto, damanes y elefantes son parientes y comparten semejanzas, como las patas almohadilladas.

Su morfología confundió a los primeros naturalistas. El científico Gerrie de Graaff describió algunas de sus características como «una mezcla de todo; sus incisivos se parecen a los de los roedores, sus molares a los de los rinocerontes, su sistema vascular al de las ballenas y sus pies nada menos que a los de los elefantes». La extraña familia compuesta por elefantes y damanes queda completada por un increíble pariente acuático: el manatí. Los manatíes son grandes mamíferos acuáticos de color gris, tres metros de longitud, media tonelada de peso y una cola redonda sin parangón en el reino animal. Tienen dos aletas pectorales con uñas que recuerdan a las de los elefantes.

Estas tres criaturas, en apariencia tan diferentes entre sí, habrían evolucionado hace millones de años a partir de un antepasado común, semi acuático y muy similar a los actuales tapires[5].

5.-Arcaicos mamíferos de Asia y Sudamérica caracterizados por una gruesa nariz en forma de pequeña trompa.

⛰ LA TRAGEDIA DE JUMBO

Jumbo fue un elefante tan colosal como desgraciado. Conocido como el Rey de los Elefantes, su extraordinario tamaño le granjeó fama internacional como un exótico gigante procedente de la misteriosa África. Llegó al zoo de Londres el 26 de junio de 1865 como un pequeño huérfano después de haber sido capturado en su África natal y presenciar, con toda probabilidad, la muerte de su madre. Desde el primer momento, su cuidador fue Matthew Scott, un hombre antisocial que, sin embargo, parecía tener bastante empatía con los animales. Por desgracia para Jumbo, a finales del siglo XIX nadie sabía cómo cuidar de un elefante en cautividad. Aislado del resto de su especie y con una dieta inadecuada, Jumbo no tardó en desarrollar problemas de salud. Sus muelas se deformaron produciéndole terribles dolores que se agudizaban por la noche desencadenando brotes de ira incontrolable que le llevaban a destrozar las jaulas donde lo recluían. En uno de estos episodios nocturnos, Jumbo también se rompió los colmillos. Para calmarlo Scott, aficionado al whisky, no dudaba en compartir su bebida con Jumbo. Así el atormentado animal y su solitario cuidador se emborrachaban juntos en las frías noches del zoo de Londres.

Pese a su penosa existencia, Jumbo era una estrella. Durante el día se dedicaba a pasear a gente por el zoo de Londres, especialmente niños. El whisky, o acaso las distracciones diurnas, parecían aplacar sus dolores. Pese a ello, el resacoso Scott siempre portaba discretamente un revolver por si los dolores volvían y tenía que disparar contra su querido y también resacoso elefante.

Pese a su extraordinario tamaño, era un 20% mayor que un elefante africano promedio, los continuos paseos le causaron en Jumbo un severo desgaste óseo.

El director del zoo de Londres, Abraham Dee Bartlett, seguía preocupado por los ataques de ira de Jumbo y finalmente decidió venderlo al circo estadounidense Barnum and Bailey. El 24 de marzo de 1882, Jumbo zarpó de Londres y navegó durante dos semanas a través del Atlántico sufriendo continuos mareos, mareos que su inseparable cuidador le calmaba, de nuevo, con alcohol. Llegó a Nueva York el 9 de abril para convertirse, al igual que hiciera en Londres, en una superestrella. Fue recibido con un desfile circense y protagonizó una gira de tres años por EE. UU. y Canadá, donde encontraría la muerte.

El 15 de septiembre de 1885, cuando el circo se encontraba en la localidad canadiense de Saint Thomas, Jumbo fue atropellado por una locomotora mientras cruzaba una vía camino de su vagón. Jumbo era tan inmenso que no se rompió ningún hueso, pero el impacto le provoco hemorragias internas y una muerte agónica.

Hay pocas dudas de que Jumbo podría haber sido un elefante de tamaño récord de haber vivido más. Debido a él, en la actualidad Jumbo es sinónimo de algo extra grande. Sus maltrechos huesos se encuentran en la actualidad en el museo americano de ciencias naturales de Nueva York. En vida, fue un símbolo de las maravillas naturales que habitaban muy lejos de las ciudades europeas y norteamericanas que, a finales del siglo XIX, apenas empezaban a ser realmente descubiertas por sus ciudadanos.

LOS *CORNACS* DEL CONGO

Mientras que en Asia la tradición de los *mahouts*[6] tiene siglos de antigüedad, los elefantes africanos han demostrado ser

---

6.- Domadores y conductores de elefantes de la India.

mucho más complejos de domesticar, dado su mayor tamaño y carácter arisco. Pese a esto, en contadas ocasiones se consiguió una relativa domesticación de estos colosos.

En 1879, el sanguinario rey belga Leopoldo II ordenó embarcar cuatro elefantes asiáticos hacia Dar es-Salaam, desde donde debían ser llevados tierra adentro hasta el Congo. Bajo las directrices de experimentados *mahouts* indios debían entrenarse jóvenes elefantes africanos que iban a convertirse en el germen de una brigada de gigantes. Desgraciadamente, los cuatro paquidermos murieron durante el viaje. No hubo intentos de retomar las brigadas hasta principios del siglo XX. Nuevamente, Leopoldo ordenó volver a intentar la creación de un cuerpo de elefantes, pero esta vez con jóvenes elefantes africanos de bosque.

Se construyó una base al noroeste del Congo para esta misión y los miembros de la tropa, llamados *cornacs*, fueron reclutados entre los miembros de la tribu Asandeh, grandes conocedores de los elefantes del territorio. Al mandó estaba un oficial llamado Laplume, quien dio orden de matar a varias hembras para quedarse con las crías y domesticarlas desde temprana edad. Alimentándolos con una mezcla de leche de vaca y almidón de arroz, el cruel Laplume y los Asadeh consiguieron mantener con vida a la mayoría de los elefantitos hasta que, progresivamente, lograron reunir un grupo de 30 elefantes jóvenes.

Los progresos de Laplume fueron frenados en seco cuando fue llamado a filas durante la Primera Guerra Mundial. Finalizada la contienda, el hijo y sucesor de Leopoldo, el rey Alberto I, conminó a Laplume a continuar con el proyecto. A petición de Bruselas, la India envió a siete *mahouts* para instruir a los *cornacs* en los antiguos métodos de captura y adiestramiento de los elefantes.

Para la segunda década del siglo XX, la tropa de *cornacs* estaba formada por veinte elefantes que trabajaban como animales de tiro transportando madera y arando tierras.

MÁQUINAS DE GUERRA

Los *cornacs* del Congo fueron el último intento de domesticación sistemática de los elefantes africanos, pero no fue en absoluto el primero. Para la guerra, los famosos cartagineses del norte de África montaban a lomos de una subespecie de elefantes hoy extintos, que vivían al norte del Sahara. Eran los acorazados de la Antigüedad. Prolongaban sus colmillos mediante el uso de piezas de metal convenientemente afiladas y los protegían con corazas de cuero. Durante la Primera Guerra Púnica (264-241 a. C.), en la batalla de los llanos de Bagradas, los cartagineses derrotaron a los romanos sirviéndose de un centenar de elefantes entrenados para el combate.

Pero sin duda, los elefantes de guerra más famosos de la historia son los del general cartaginés Aníbal Barca. En la Segunda Guerra Púnica (218 a. C.-201 a. C.), Aníbal atravesó los Pirineos con 37 elefantes norteafricanos; lo que no fue suficiente para que los romanos atacaran Hispania con el general Publio Cornelio Escipión al frente y derrotaran a las fuerzas cartaginesas a pesar de sus elefantes de guerra.

11
MUJERES PELUDAS

Los arroyos rompían el silencio de nuestro paso a través de aquella selva de ensueño. A golpe de machete, avanzábamos penosamente por una espesura que nos cubría por completo. Tras cuatro horas de caminata, la marcha empezaba a complicarse y, pese a ello, la selva seguía siendo hermosa. De vez en cuando, el canto de un turaco[7] nos daba unos ánimos cada vez más necesarios. Las cuestas empezaban a sucederse, el terreno a embarrarse y las ortigas y hormigas a proliferar por doquier. Según la teoría, aquello era una buena señal, ya que las urticantes ortigas son la comida favorita de los animales que habíamos ido a buscar a aquel maravilloso lugar: los gorilas de montaña.

Los primeros en ver gorilas en su selva africana natal fueron, probablemente, unos exploradores cartagineses bajo el mando de Hannón el Navegante que llegaron a lo que hoy es Sierra Leona alrededor del año 525 a. C. Al verlos, los exploradores creyeron que se encontraban ante unos enormes hombres peludos. Con grandes dificultades, capturaron a tres hembras. Como es lógico, estas opusieron toda la resistencia posible, gritando y arañando con furia a sus captores. Fue en ese momento cuando se cree que se acuñó el término «gorila», una palabra que en cartaginés antiguo debió significar algo así como «mujeres peludas que gritan y arañan».

7.- Colorida ave de las selvas de África ecuatorial.

Pasaron los siglos y el recuerdo de estos grandes humanoides peludos empezó a desvanecerse. En 1847 un misionero establecido en Gabón llamado John Williams entregó un extraño esqueleto a su compañero Savage. Este reportó el hallazgo y realizó la que a la postre acabaría siendo la primera descripción científica del gorila.

En 1861, el explorador norteamericano de origen francés Paul du Chaillu publicó su libro *Exploraciones y aventuras en* África *ecuatorial* en el que narraba sus peripecias por el interior de Gabón, entre las que se incluían el primer encuentro con un gorila vivo desde los tiempos de Hannón. Du Chaillu nunca afirmó haber sido el descubridor de los gorilas, la primera descripción correspondía al misionero Savage, lo que sí aseguraba era ser el primer blanco en cazar uno y estudiarlo en su hábitat natural. Sin embargo, es más que probable que du Chaillu no cazara en realidad a los ejemplares que más tarde presentó disecados en Occidente.

La comunidad científica no tardó en cuestionarlo mientras que el gran público quedó prendado de sus relatos y ponencias. En ellos, el explorador describía a los gorilas como seres mitad bestia, mitad hombre; un rey del bosque africano, infernal, feroz y brutal. No cabe duda de que du Chaillu exageró enormemente la verdadera naturaleza de los gorilas. Pese a ello, la imagen que creó de ellos, perduró.

Alcanzada la sexta hora de subidas y bajadas por aquel universo verde, los ánimos empezaban a decaer. Empezábamos a sufrir en nuestras carnes la furia de las hormigas y los resbalones y tropiezos por aquella embarrada maraña. Uno de los rastreadores ordenó parar. Con asombrosa agudeza visual, extrajo de entre la vegetación un mechón de pelo negro. Eran pelos largos y duros como alambres color azabache.

—Están cerca —sentenció.

El hallazgo insufló nuevas y necesarias energías a nuestras cansadas piernas. Animados, retomamos la marcha en pos de los legendarios gorilas. Media hora después, una nueva pausa. Un excremento fresco hacía las funciones de X en el mapa a ojos de nuestro experto rastreador.

—Hemos llegado.

Observamos en rededor sin conseguir descubrir nada ni remotamente parecido a un gorila. Tan solo verde, verde por todas partes. Y nada más.

De pronto, la vegetación frente a nosotros empezó a crujir y de ella emergió una gran mole de apretado pelo negro. Allí estaba: mi primer gorila. Se trataba de un macho adulto, aunque sin la espalda plateada, lo que se conoce como el macho beta, el segundo de abordo. Poco después empezó a aparecer el resto de la familia, hembras y varios jóvenes. Eran animales preciosos y fuertes pero sus caras tenían expresiones entre tristes y calmadas. El espalda plateada fue el último en hacer su aparición, era el más grande con diferencia, un coloso de más de 200 kilos de peso capaz de partir la más gruesa de las ramas como si fuera un palillo.

🐾 LA MUJER QUE VIVE SOLA EN EL BOSQUE

El gran macho de espalda plateada es el primero en morir. Hacen falta varios tiros para hacerlo caer. Una vez sin vida, hábiles movimientos de machete cercenan su cabeza y manos. La primera es un trofeo, las segundas serán convertidas en grotescos ceniceros. Aterrorizadas, las hembras con crías intentan ponerse a salvo, pero son igualmente abatidas. Resulta imposible separar a los pequeños de los cadáveres de sus madres. Para conseguirlo, los cazadores les arrojan agua hirviendo. Al final de la batida, apenas han sobrevivido las crías y los jóvenes, pero es solo una prórroga. Heridos y traumatizados, dejarán de comer y morirán solos y tristes en la pequeña y lúgubre jaula de algún traficante.

Esta era la realidad de los gorilas cuando a principios de los años 60 la estadounidense Dian Fossey llegó a África central para estudiarlos por encargo del célebre paleo-antropólogo Louis Leakey. El reputado científico también contrató a la inglesa Jane Goodall y a la canadiense Birute Galdikas para estudiar a los chimpancés y orangutanes respectivamente. La teoría de Leakey era que las mujeres eran más pacientes y realizaban observaciones más concienzudas que sus colegas masculinos. Además, el olor de las mujeres debía resultar desconocido para los primates acostumbrados a las partidas de cazadores furtivos formadas enteramente por hombres. Fossey carecía de formación científica, trabajaba como enfermera en un hospital de Estados Unidos. Por suerte para ella, Leakey andaba buscando perfiles que se salieran del estricto academicismo.

Cuando la intrépida Dian llegó a Ruanda, la caza furtiva había diezmado la población de gorilas de montaña hasta reducirla a apenas 250 ejemplares. El pionero y valiente trabajo de Fossey en la convulsa Ruanda dio a conocer la difícil situación por la que atravesaba la especie.

Su vehemente cruzada a favor de los gorilas le valió el apodo de *Nyiramacibili*: la mujer que vive sola en el bosque. No tardó en radicalizarse. Azotaba a los furtivos que capturaba, quemaba sus casas y secuestraba a sus hijos. Tampoco dudaba en exigir a los investigadores que trabajaban con ella que se olvidaran de la ciencia, cogieran armas y se dedicaran a patrullar la selva a la caza de furtivos. Llegó incluso a tirotear a las vacas que invadían el territorio de sus gorilas. Sus medios no tardaron en granjearle enemigos, y ello acabaría costándole la vida. Murió asesinada a machetazos mientras dormía en su campamento de Karisoke en 1985 sin que a día de hoy se hayan podido esclarecer las circunstancias del crimen. A pesar de su prematura muerte, su trabajo alertó al mundo y la situación de los grandes primates empezó a despertar el interés de la opinión pública y a mejorar.

Me resultaba imposible apartar los ojos de la familia de gorilas. Las hembras y los jóvenes se movían con total libertad indiferentes ante nuestra presencia. De vez en cuando, algún jovenzuelo pasaba junto a nosotros llegando incluso a rozarnos sin el menor decoro. Los machos, tanto el alfa como el beta, permanecían en la periferia alimentándose con aparente tranquilidad y manteniendo de vez en cuando el contacto mediante sutiles gruñidos. Me llamó la atención uno de los jóvenes. Tenía la mirada caída y triste y suspiraba como anhelando. Junto a él, dos hermanos algo más jóvenes jugaban a golpearse, morderse y tirarse del pelaje. Ambos contendientes mostraban la misma expresión en sus caras; boca abierta enseñando los dientes, ceños fruncidos y ojos cerrados en un inequívoco gesto de satisfacción. Acompañaban sus gestos de sonoros chasquidos, perfectamente equiparables a nuestra risa. Resultaba cómico observar su ficticio combate cuando a su lado se encontraba el otro joven absorto en sus pensamientos. La escena quedaba completada por la presencia, en segundo plano, de una hembra adulta que observaba el entorno mientras ocultaba celosamente algo entre sus brazos cruzados. Al cabo de unos minutos, la hembra se relajó y descruzó sus extremidades. Entonces, descubrimos una minúscula cría de apenas un mes de edad que nos observaba con ojos despiertos y curiosos aferrada al pecho de su madre. Con una mano agarraba el denso pelaje de la hembra mientras se chupaba el pulgar de la otra, exactamente igual que haría un bebé humano. Era sin duda un animalito de lo más simpático. Tenía el pelaje muy alborotado, como si en lugar de descansar sobre el pecho de su madre hubiera metido uno de sus dedillos en un enchufe.

—Ha sido el último en nacer, ni siquiera lo hemos incluido todavía en el censo —nos indicó el *ranger* que nos guiaba.

Como si sintiera celos de la atención generada por el menor de sus hijos, el espalda plateada dejó de comer, se incorporó y avanzó tranquilo pero decidido hasta nuestra posición. La hembra volvió a ocultar al bebé entre sus brazos y nosotros, evidentemente, hicimos el pasillo al imponente *pater familias*.

NFUMU NGUI

En 1966 el insigne primatólogo catalán Jordi Sabater Pi, se encontraba en la selva de Nkó, en la provincia del Río Muni en Guinea Ecuatorial. Un día de octubre, un campesino llamado Benito Manié le entregó algo extraordinario: un *Nfumu Ngui*. Días antes, se había abatido a una hembra de gorila de llanura occidental que se comía los cultivos de café y plátano. El desafortunado animal no estaba solo; con ella cargaba a una cría de color blanco que se convertiría en celebridad mundial: Copito de Nieve.

El pequeño gorila albino pasó un mes en compañía de Sabater Pi adaptándose satisfactoriamente a la vida en cautividad y al trato con humanos hasta que finalmente fue enviado al Zoo de Barcelona, adonde llegó el 1 de noviembre de ese mismo año.

En marzo de 1967, se publicó un artículo sobre gorilas en National Geographic titulado: *Copo de nieve: el primer gorila blanco del mundo*. El nombre asignado al animal por los autores de la revista arraigó y, desde entonces, *Nfumu Ngui* pasó a ser conocido en todo el mundo como Copito de nieve.

Durante sus 11 primeros meses de vida en Barcelona, Copito de Nieve vivió en el piso del veterinario del zoo, Román Luera. Su mujer, María Gracia, cuidaba a crías de chimpancés, gorilas y otros primates con el mismo amor y cuidado que si se trataran de niños humanos, llegando a ser conocida en el parque como Mamá Gorila.

En los 36 años que Copito de Nieve vivió en el Zoo de Barcelona, tuvo 21 hijos con tres hembras diferentes, y en 1999 nacieron sus dos primeras nietas.

El albinismo que sufría Copito le hacía especialmente sensible a los rayos ultravioleta. No se conoce ningún otro gorila albino, y al ser todas las parejas de Copito de Nieve de coloración normal y al tratarse de un rasgo recesivo, las probabilidades de tener descendientes albinos eran muy escasas. Finalmente, en el 2003, Copito de Nieve murió debido a una afección grave de la piel derivaba de su especial condición.

Nuestra hora en compañía de la familia de gorilas de montaña tocaba a su fin. El tiempo se había esfumado a toda velocidad en su compañía. El alfa había retomado su glotonería y ahora era el beta el que se mostraba más activo. Reprimía a los jóvenes que le importunaban y la frecuencia e intensidad de sus gruñidos iba en aumento. Quería saber en qué acabaría ese comportamiento, pero llegó el momento de marcharse. Eché un último vistazo al grupo, especialmente al joven pensativo. ¿Acaso no era feliz viviendo libre y salvaje en aquella maravillosa selva, rodeado de su familia y protegido a punta de kaláshnikov por un ejército de guardas?

Abandonamos la selva dejando atrás a los gorilas y deshaciendo el camino recorrido. Estábamos sucios, sudados y aún nos quedaba una larga travesía de vuelta. Pero ya no había cansancio, solo amplias sonrisas. Felicidad.

12
EL FELINO FANTASMA

En ocasiones, cada vez con mayor frecuencia, la fauna salvaje choca con la civilización. Si se pregunta a las poblaciones rurales, no solo de África sino también de India, cuál es la criatura a la que más temen, un alto porcentaje afirmará que el leopardo. Todos hemos visto leones y tigres domesticados realizando indignos números de circo, pero podemos apostar a que nunca veremos un leopardo. Ágil y silencioso; temido y reverenciado por igual. El más salvaje de los grandes felinos, el más esquivo de los cinco grandes.

Hubo un tiempo en el que miles de leopardos fueron sacrificados para suministrar sus codiciadas pieles a la industria peletera. No en vano, el prestigio de su piel es una antiquísima tradición en África, portada por los líderes más poderosos del continente desde la Antigüedad hasta nuestros días. Tal era el caso del difunto dictador de Zaire Mubutu Sese Seko, quien no se separaba de su sombrero de piel de leopardo.

Hoy, y a pesar de que el comercio de pieles ha decaído considerablemente, el leopardo sigue siendo uno de los objetivos más codiciados por los cazadores de trofeos que llegan a pagar 10.000 dólares o más por cazar uno. El leopardo es con diferencia el más adaptable de todos los felinos, un auténtico todoterreno. Ello le ha permitido conquistar desde el desierto del Kalahari hasta la helada cuenca del Amur en el extremo nororiental de Asia.

A pesar de esta adaptabilidad, debe competir con otros depredadores que lo superan en tamaño y fuerza. Por ello, se ha vuelto un maestro del escapismo y ha hecho de los árboles su fortín.

HOMBRES LEOPARDO

En 1931, el ya citado Edgar Burroughs, autor de las novelas de Tarzán, enfrentó al rey de la selva con el culto de los hombres leopardo. Mientras que Tarzán solo existió en la fecunda imaginación de Burroughs, los hombres leopardo fueron muy reales.

Durante siglos, los hombres leopardo, también conocidos como *Anioto*, regaron de sangre las zonas selváticas de África occidental siendo especialmente activos en Liberia, Sierra Leona y Nigeria. El gran felino manchado sirvió de tótem a esta sociedad secreta cuyos miembros llevaban a cabo asesinatos y banquetes caníbales sintiéndose poseídos por el poder de la fiera.

El culto estaba liderado por un sumo sacerdote que custodiaba la *borfima*, un poderoso fetiche formado por una bola de hojas revestidas de cera con cualidades mágicas que otorgaban poderes a su poseedor. La *borfima* se conservaba bañándola en sangre de gallo, clara de huevo, granos de arroz y especialmente sangre humana. Cuando esta era requerida, el sacerdote elegía en una tenebrosa ceremonia al adepto, preferiblemente un neófito, que debía aportar su propia sangre para así absorber parte de la magia de la *borfima*. Evidentemente, el elegido no podía ofrendar toda su sangre, por lo que podía ofrecer la de uno de sus familiares como si se tratara de la suya propia.

El elegido para la ofrenda recibía el nombre de *yongolado* y el ritual consistía en ofrecer al neófito una cena tras la cual se le comunicaba que había comido carne humana y que al hacerlo estaba listo para llevar a cabo el sacrificio. Después se le hacía entrega de una piel de leopardo y dos brazaletes de hierro del que salían cuatro afilados cuchillos. Estos asomaban entre los dedos, como unas garras, cuando el *yongolado* cerraba las manos.

Dos miembros del culto participaban en la elección de la víctima, que generalmente era parte de la familia del iniciado. Debía tratarse de una joven mayor de 14 años, preferiblemente la primogénita de la familia. Una vez seleccionada la víctima para el sacrificio, los hombres leopardo se retiraban a la selva donde realizaban la *ambodina*, una danza que les inducía una especie de trance chamánico por el cual quedaban poseídos por el espíritu del leopardo. A continuación, se vestían con una túnica y una capucha pintada con manchas negras y se colocaban un cinturón del que pendía una cola de leopardo y en el que portaban un pequeño recipiente de barro dentro del cual soplaban para imitar el rugido de la bestia junto a un trozo de madera con la huella esculpida del leopardo y los cuchillos.

Cuando la luna estaba en su cénit, la víctima, ignorante de su fatídico destino, era enviada a dar un paseo por la selva donde los hombres leopardo la acechaban. Llegado el momento, el *yongolado* emergía súbitamente de la oscuridad y la golpeaba en la cabeza para dejarla inconsciente y que nadie pudiera oír sus gritos. Luego la degollaba con los cuchillos mientras el resto del grupo la descuartizaba y devoraba. La carne era consumida cruda en el lugar del crimen o transportada al santuario secreto en hojas de banano, donde era posteriormente cocinada. Los ojos eran una parte muy apreciada, ya que al consumirlos los hombres leopardo creían poder ver en la oscuridad. El hígado y la vesícula biliar eran examinados para elaborar nuevos y poderosos amuletos mientras que la sangre y la grasa se utilizaban para conservar la cera de la *borfima*.

Por último, el trozo de madera con la huella tallada era utilizado para dejar alrededor del destrozado cadáver huellas que hicieran pensar en el ataque de un auténtico leopardo. Concluida la matanza y el siniestro ritual caníbal, los asistentes del banquete se convertían en deudores del *yongolado*. La deuda quedaba saldada cuando cada uno de los participantes aportaba un familiar para el sacrificio. Al alba, los *anioto* retomaban una vida aparentemente normal.

La primera mención a esta sociedad secreta data de 1607, cuando un cronista que visitó Sierra Leona escribió sobre feroces tribus antropófagas que se vestían con pieles de leopardo. Aunque el país era colonia británica desde 1807, el tabú que rodeaba a los sanguinarios *anioto* permitió que los ingleses no supieran de sus actividades hasta 1891. En 1895 se decretó la llamada Reglamentación del Leopardo Humano que tipificaba como delito la posesión de una piel de leopardo, los cuchillos de tres puntas y la *borfima*.

En los años 20 del pasado siglo, una expedición científica internacional a Liberia organizada por la Universidad de Harvard dio detallada cuenta de los sangrientos rituales de los hombres leopardo, lo que obligó a las autoridades coloniales británicas a tomar cartas en el asunto. Tras detener a 187 personas acusadas de asesinato y ejecutar a 87, parecía que tan temido culto caníbal se había extinguido. Sin embargo, en 1946 los hombres leopardo volvieron a matar y lo hicieron con renovadas energías. Solo en ese año se reportaron 48 casos de asesinato o tentativas, algunos de ellos llevados a cabo contra los blancos. En 1947 Terry Wilson, el gobernador de una provincia del este de Nigeria, fue informado de que los hombres leopardo estaban asesinando en su jurisdicción, principalmente mujeres jóvenes a las que amputaban los pechos para devorarlos. Cuando sus agentes irrumpieron en la casa de un jefe local llamado Nagogo, encontraron una máscara y una piel de leopardo y los cuchillos que simulaban garras. Al excavarse las tierras alrededor de la casa se encontraron los restos de 13 seres humanos. Wilson mandó a Nagogo a prisión a la espera de juicio, pero durante las semanas siguientes se sucedieron nuevos crímenes, incluyendo los asesinatos de la esposa y la hija de Nagogo. Wilson confió en que la visión de los cuerpos mutilados de sus familiares haría que el jefe delatara a los demás miembros del grupo, pero el *shock* fue demasiado para el hombre leopardo y falleció de un ataque al corazón.

Aunque Wilson recibió 200 hombres de refuerzo para acabar con el culto, los *anioto* se estaban volviendo cada vez más audaces y los asesinatos no cesaban. Una noche, los hombres leopardo llegaron incluso a asesinar a una joven dentro de un recinto policial, consiguiendo escapar sin ser vistos. Se cometieron asesinatos a plena luz del día, y los nativos llegaron a perder la confianza en que las autoridades consiguieran acabar con los hombres leopardo. Algunos de los hombres de Wilson comenzaron a pensar que tal vez se enfrentaban a seres sobrenaturales, y que realmente los asesinos eran capaces de transformarse en leopardos y hacerse invisibles en la oscuridad. La situación era desesperada. El propio Wilson estuvo cerca de perder la vida cuando una noche de agosto de mediados de 1947 una flecha le pasó rozando la cabeza.

Finalmente, Wilson decidió tender una trampa a los sanguinarios *anioto*. En el sendero que conducía a uno de los poblados donde se habían hallado varios cuerpos mutilados, Wilson disfrazó a uno de sus mejores hombres como el hijo de una joven nativa. Hizo que los dos caminaran, uno al lado de la otra, por el sendero mientras él y una docena de hombres esperaban escondidos entre la maleza que bordeaba el camino.

De repente, el salvaje rugido de un leopardo les helo la sangre. Un hombre alto, vestido como la fiera y blandiendo una maza, salió de las sombras de la jungla y se abalanzó sobre la pareja. El policía forcejeó con el hombre leopardo, pero este acabó finalmente con su vida antes de que Wilson y sus hombres pudieran reaccionar. Wilson había perdido a uno de sus mejores agentes, pero el cuchillo que todavía mantenía en su mano inerte estaba manchado de sangre. El asesino estaba herido; tenían una pista. Wilson estaba a punto de ordenar a sus hombres que llevaran el cuerpo del agente muerto al cuartel cuando tuvo una idea. Probablemente, el hombre leopardo herido volvería a la escena del crimen para reclamar su trofeo. Dejaron el cadáver en el sitio mientras sus hombres peinaban los poblados cercanos en busca del sospechoso y Wilson se apostó entre la maleza. Pasadas unas horas, una tenebrosa figura a cuatro patas emergió de la oscura jungla y comenzó a desgarrar el rostro del cadáver. El asesino había vuelto para completar el ritual. Wilson, pistola en mano, salió de su escondite y se dirigió hacía el hombre leopardo. Cuando este le vio, gruñó como si de un leopardo real se tratara. Wilson apretó el gatillo y acabó con él. Su hazaña demostró que los hombres leopardo eran vulnerables a las balas. La noticia se extendió por todas las aldeas provocando que numerosos testigos se presentaran en las dependencias policiales y aportaran pistas que permitieron la identificación de varios miembros del culto, así como la localización de su santuario secreto oculto en las profundidades de la jungla. Allí, sobre un altar de piedra cubierto de sangre seca, se agolpaban numerosos huesos humanos. Una grotesca estatua de un ser mitad hombre mitad leopardo lo presidía. Durante febrero de 1948, 73 hombres leopardo fueron juzgados y encarcelados. Finalmente, 39 de ellos fueron condenados a muerte y ahorcados en la prisión nigeriana de Abak. Las ejecuciones fueron presenciadas por jefes de tribus locales para que transmitieran a sus aldeas la idea de que los hombres leopardo eran, en efecto, mortales.

El leopardo es de esos animales que lo ven todo sin que nunca se le vea a él. Su capacidad de adaptación e invisibilidad le ha permitido llegar a ocupar incluso estaciones de tren. A menudo son captados por las cámaras de seguridad de los *lodges* deambulando en la oscuridad o bebiendo en las piscinas. En la India, son frecuentes los casos en los que uno de estos felinos se cuela en los jardines acabando con los perros de sus propietarios.

Lo que para nosotros puede resultar una exótica anécdota, es una pesadilla para las personas que viven todo el año a merced del gran felino. A veces entran en las aldeas para robar perros, ganado e incluso personas. Tal es el sigilo de la fiera, que la desdichada víctima no llega a despertarse. Un mordisco en el cuello, ningún ruido. Solo a la mañana siguiente se descubre el horror.

Más esquivo aún resulta el leopardo melánico, la legendaria pantera negra. La pantera se trata en realidad de un leopardo común afectado por el melanismo, un exceso de pigmentación. El melanismo ocurre en aproximadamente el 11% de los leopardos en todo el mundo, pero la mayoría de estos leopardos viven en el sudeste de Asia. Las panteras en África son extremadamente raras, la última observación confirmada tuvo lugar en 1909 en Etiopía. Hasta que, en 2019, una red de cámaras trampa permitieron confirmar la presencia de un ejemplar en Laikipia, en el centro de Kenia.

El Parque Nacional de Chobe, al noreste de Botsuana, había sido generoso con nosotros en lo que a leopardos se refería. Habíamos encontrada a dos jóvenes crecidos encaramados a sendos árboles con una maravillosa luz vespertina africana que hacía que las aguas del río Chobe resplandecieran. Sin embargo, no habíamos dado con la madre de aquellas hermosas criaturas que nos observaban curiosas desde sus atalayas. Después de haber pasado la noche en el sector de Ihaha, iniciamos un último safari matutino. La arena de la orilla del Chobe conservaba cientos de huellas de aves, jirafas, elefantes y manadas de impalas que encontramos petrificados observando un arbusto cualquiera mientras proferían sonoros bufidos. Muestra inequívoca de la proximidad de un depredador.

De repente, una bola de pelo emergió como una centella del arbusto levantando una nube de polvo y provocando la desbandada de los impalas. Aceleramos hasta la polvareda para descubrir a una hembra de leopardo sujetando a un macho de impala en una posición que recordaba a un apasionado beso. La cazadora, sobre sus patas traseras sujetaba con las garras delanteras la cabeza de su víctima que todavía permanecía en pie mientras mantenía el hocico del desafortunado impala en el interior de sus fauces para asfixiarlo y hacerlo caer. El beso de la muerte duró apenas un par de minutos. Después de varios intentos de zafarse, el impala sin aliento sucumbió a la superior fuerza de su verdugo.

Jadeante, la bella matadora se apresuró a ocultar su preciado premio en el arbusto de donde había emergido. Sabía que no era el único felino ni el más grande de los alrededores. Una nutrida manada de leones no andaba lejos, los habíamos visto el día anterior y no durarían en robar el impala si tenían ocasión. Tan pronto como recuperara el aliento, la cazadora manchada no tardaría en cargar a su pesada presa a lo alto de un árbol donde los leones no pudieran acceder a ella. Decidimos retirarnos y dejarla tranquila mientras daba los primeros mordiscos a su copioso desayuno. Lo que para ella era una rutina casi diaria, para nosotros fue una de las visiones más extraordinarias de nuestra vida.

13
LOS HERMANOS
DE LA SELVA

Aquel bosque tropical primario era el paraíso de los primates. El verde lo dominaba todo y el ambiente estaba impregnado de un fantástico olor a tierra mojada. Antes de iniciar la búsqueda, los *rangers*, muchos de ellos mujeres armadas con kaláshnikov y machetes, explicaron las normas básicas de seguridad. El *flash* estaba totalmente prohibido, así como hacer muecas, especialmente a los machos. Debíamos mantener una distancia de unos ocho metros, y las personas con diarrea o resfriado no podían venir ante el riesgo de contagio a los animales.

—Mantened los ojos y oídos bien abiertos y la boca cerrada. En marcha —nos ordenó Sheyla, nuestra guía.

En silencio, marchamos a través de la espesura en busca de unos seres con los que somos genéticamente iguales al 98% y con los que podemos realizar transfusiones sanguíneas. De hecho, hasta hace unos 7 000 000 de años, éramos la misma especie. Pero a pesar de las similitudes, encontrarnos con nuestros hermanos de sangre no resultaba fácil. Tuvimos que abrir sendas a machete a través del bosque, obsesionados con no hacer ruido y afinar el oído ya que casi siempre se les oye mucho antes de poder verlos.

Al cabo de cerca de una hora de marcha infructuosa, me pareció ver algo. Di un toquecito a la espalda de Sheyla para llamar su atención.

—¿Eso es un nido? —susurré señalando un montón de ramas y hojas hábilmente entretejidos sobre nuestras cabezas.

—Sí, lo es. Bien visto. Deben estar cerca.

Efectivamente, nuestros escurridizos objetivos dormían en nidos en los árboles. Al despertar seguían encaramados a ellos, donde desayunaban a base de frutas. Cuando a mediodía, el sol ecuatorial recalentaba demasiado sus cuerpos cubiertos de pelo negro, gustaban de bajar al suelo, donde holgazaneaban bajo la fresca sombra que proporcionaba el dosel arbóreo. Seguimos nuestra marcha esperanzados por el hallazgo cuando sin previo aviso, un árbol empezó a gritar anunciando nuestra intrusión. Otro árbol cercano respondió, y pronto se formó un espectacular coro salvaje acompañado de ramas que crujían y hojas que caían sobre nosotros. Así debió de sonar el amanecer de nuestra especie. Agudizamos la vista hasta que, por fin, vislumbramos una masa negra y compacta que descendía a toda velocidad por el grueso tronco de un ficus. Así suelen iniciarse los encuentros con los chimpancés.

🏔 ASESINOS INESPERADOS

Si pensamos en devoradores de hombres, nos vienen a la cabeza grandes felinos, tiburones o cocodrilos. Nada ni remotamente parecido a un chimpancé. Pero la realidad es que lugares como aquella selva ugandesa en la que nos encontrábamos, protegida por el Parque Nacional de Kibale, no eran más que islas en medio de un mar de humanidad. Reductos en los que la vida salvaje se atrinchera, pero que de vez en cuando, inevitablemente, abandonan.

Al igual que las islas, estos lugares salvajes fragmentados y aislados entre sí, son espacios limitados. Cuando sus recursos empiezan a escasear, los chimpancés hambrientos se lanzan a saquear los cultivos que los rodean. En ocasiones, por desgracia, los primates van mucho más lejos. Los chimpancés son los únicos grandes primates que incorporan carne a su dieta. Este aspecto, que podría parecer baladí, ha determinado su conducta, convirtiéndolos en los simios más inteligentes, agresivos y peligrosos.

En 2014, en una zona rural cercana a Kibale, una madre que trabajaba su huerto se dio la vuelta un momento para darle agua a sus hijos. Un chimpancé ávido de proteínas que observaba la escena desde el límite del bosque vio su oportunidad. Agarró del brazo a uno de los pequeños de tan solo dos años y huyó tirando de él. Cuando la desesperada madre y los aldeanos que acudieron en su ayuda dieron con el niño, este todavía seguía con vida, pero ya era tarde. El chimpancé le había roto el brazo, infligido graves daños en la cabeza, desgarrado el estómago y arrancado los riñones.

Los ataques de los chimpancés en la zona no eran una novedad. En los 90 un gran macho solitario bautizado como Saddam acabó con la vida de siete niños. Saddam fue finalmente abatido, pero los ataques no cesaron. Cada vez más acorralados, los demás chimpancés llegaron a la misma conclusión que Saddam: si no quedaban pequeños primates que cazar en el bosque, las crías humanas eran similares y mucho más fáciles de atrapar. La presión humana ha hecho que aldeanos y chimpancés acaben compartiendo los mismos espacios, con el peligro que ello implica para ambas partes. Las muertes de niños cazados y devorados no han dejado de aumentar.

Nos había costado bastante encontrarlos y ahora parecían estar por todas partes. Cada grito era un chimpancé saltando de rama en rama o bajando al suelo. El espectáculo resultaba francamente intimidante. Una vez en el suelo, cesaba la algarabía y el silencio volvía a apoderarse del bosque. Un gran macho, bautizado como Totti por los guardas, decidió alejarse del grupo y dedicarse a la vida contemplativa. Se tumbó boca arriba en el lecho de hojas secas en una postura increíblemente humana, con un brazo doblado sobre el que apoyaba la cabeza y una pierna doblada sobre cuya rodilla apoyaba la otra. Con la mirada fija en las copas de los árboles suspiraba de vez en cuando, tranquilo e indiferente ante nuestra presencia. La viva imagen de la buena vida. Su mirada cargada de inteligencia evidenciaba que, sin duda, estaba pensando algo; pero nadie conoce los pensamientos de un chimpancé.

A pesar de lo espeso y oscuro de su pelaje, este no alcanzaba a ocultar la imponente musculatura de sus brazos. Son los gorilas los primates con fama de fuertes, sin embargo, proporcionalmente a su tamaño, los chimpancés los superan. Son culturistas comprimidos en la estatura de un niño de diez años. Ello, combinado con su gran inteligencia, hacen de ellos unos animales extremadamente peligrosos a los que, en demasiadas ocasiones, se subestima.

⩙⩙⩙ UNA INGLESA JOVEN Y VALIENTE

En febrero de 1935 Boo-Boo, una chimpancé del zoo de Londres, dio a luz. Al poco tiempo, una niña que celebraba su primer cumpleaños recibió un peluche del bebé chimpancé como regalo. Este fue el primer encuentro de Jane Goodall con el animal que cambiaría su vida y nuestro conocimiento sobre nuestra propia evolución.

Jane Goodall nació en Londres el 3 de abril de 1934. Desde niña, tenía claro que quería ir a África. Sin embargo, Jane lo tenía todo en contra para cumplir su sueño: era mujer, joven y su familia no tenía una economía especialmente boyante. No obstante, su determinación, el apoyo incondicional de su madre Margaret y una pizca de fortuna, pusieron en su camino al antropólogo Louis Leakey.

A través de él, y al igual que le ocurrió a Dian Fossey, Jane pudo cumplir su sueño de viajar al continente negro. Su madre se marchó con ella. A los 26 años, Leakey la envió a Tanzania con la arriesgada misión de investigar por primera vez a los chimpancés salvajes Gombe. Con la única compañía de su madre y un cocinero, la intrépida Jane montó su tienda en la selva tanzana y comenzó un proyecto de investigación que en teoría debía durar seis meses. El resto es historia.

Chimpancés como Flo, Figan, Flint, David Greybeard o Frodo se convirtieron en celebridades mundiales y sus nombres y personalidades hicieron que el público empatizara con ellos, a pesar de que los académicos criticaran a Jane por poner nombre a sus objetos de estudio. Esto no impidió a Goodall realizar descubrimientos espectaculares como que los chimpancés, al contrario que el resto de los grandes simios, consumían carne al tiempo que utilizaban herramientas y eran capaces de mostrar empatía.

Pero Jane también descubrió que los chimpancés eran capaces de ejercer una brutal violencia. Para su sorpresa y la de sus colaboradores, en 1974 estalló una guerra entre los machos de Kasakela y los siete machos de un grupo escindido. El conflicto duró cuatro años y se saldó con la muerte de todos los emigrados. Era el primer caso documentado de violencia entre diferentes comunidades.

El año siguiente, Passion mató y devoró al bebé de Gilka, Otta, y compartió la carne con su hija, Pom. Madre e hija prolongaron la tendencia homicida durante dos años en los que, se sospecha, raptaron y devoraron diez bebés de Kasakela. Más de 60 años después, el proyecto sigue activo y constituye uno de los trabajos de campo más duraderos.

En mayo de 2012, la doctora Goodall visitó Valencia para impartir una conferencia. Esta iba a tener lugar en el Bioparc, el moderno zoológico de la ciudad dedicado exclusivamente a la fauna africana. Aquella era una gran oportunidad y no tardé en sacar mi entrada. He de confesar que acudí a la ponencia con ciertos prejuicios. Dediqué los días previos al evento a bucear en internet en busca de otras conferencias realizadas por aquella interesante mujer. Todas ellas tenían algo en común, Jane acababa siempre imitando los gritos de los chimpancés. Ver a una venerable anciana hacer semejante cosa en medio de grandes auditorios me hizo pensar, sin duda precipitadamente, que tanto tiempo en la selva en compañía de los chimpancés, sumado a su avanzada edad, habían pasado factura a la buena de Jane. Desde el primer minuto me di cuenta de lo erróneo de mi conclusión. La doctora Goodall no solo discurría perfectamente, sino que probablemente era poseedora de una de las mentes más preclaras de nuestro tiempo.

EL SIMIO CULTO

Probablemente, el descubrimiento más espectacular de todos los que realizó Goodall fue el que reveló que los chimpan-

cés utilizaban ramas, hojas y tallos para fabricar herramientas. El macho bautizado por Jane como David Greybeard fue el protagonista. Jane observó cómo David deslizaba con cuidado una fina ramita a través del orificio de un termitero. Cuando David se retiró, Jane tomó el mismo tallo y repitió la operación realizada previamente por el macho de chimpancé. Extrajo el tallo lleno de termitas. Posteriormente, Jane descubrió que aquella conducta no era en absoluto casual. A David no le servía cualquier tallo o ramita para cumplir su propósito. Dedicaba un tiempo a seleccionar la rama adecuada y a quitarle las hojas. Estaba fabricando una herramienta.

Aquello era un bombazo. Era la primera vez que se registraba un animal salvaje fabricando un útil para un fin específico. Pero los chimpancés de Gombe no se limitaban a pescar termitas con ramitas. Su creatividad los llevaba a usar piedras a modo de cascanueces u hojas que utilizaban como esponjas para absorber el agua acumulada en los huecos de los árboles y poder así beberla. Cuando Jane reportó estos espectaculares descubrimientos, su jefe Leakey contestó: «Ahora tendremos que redefinir el concepto de herramienta y de hombre, o aceptar a los chimpancés como humanos».

En la actualidad, los etólogos reconocen tres áreas culturales para los chimpancés, entendiendo como cultura los comportamientos compartidos dentro de un grupo concreto y que no son congénitos, sino adquiridos a través del aprendizaje social.

En África occidental los chimpancés seleccionan unas piedras muy específicas como herramienta. Algunas de estas rocas han sido transportadas expresamente desde cierta distancia y todas son homogéneas en cuanto a su forma, tamaño y dureza. En la selva de Camerún se ha observado cómo algunos grupos fabrican bastones de madera para obtener miel. Lo interesante de este comportamiento es que los bastones se fabrican en un lugar donde no van a ser utilizados. Posteriormente, los guardan y los transportan hasta las colmenas. Esto denota una notable capacidad de abstracción y de proyección a futuro. Al otro lado del continente, en la zona que bordea la costa oriental del lago Tanganika, se les ha observado inspeccionando ramas antes de prepararlas para el uso preciso que pretendan darle; porque los chimpancés no solo usan las ramas para conseguir alimento, sino para usos tan variados como el aseo personal, protegerse de la lluvia o fabricarse nidos para dormir.

En 2018, se descubrió la última tradición cultural de nuestros peludos parientes: la de los rompedores de tortugas de Gabón. Se observó a machos adultos aplastando tortugas con piedras a modo de martillo para seguidamente compartir su carne con los demás miembros del grupo.

¿Cuántas sorpresas más nos depararán nuestros hermanos de la selva?

14
LA ÚLTIMA CARRERA

No me encontraba bien aquella mañana. Había dormido poco y mal, tenía sueño y me dolía la cabeza. Habíamos salido de safari antes de rayar el alba, el aire era fresco y la humedad abundante; todo ello agravaba mi estado. Con los ojos cerrados esperaba ansioso la luz y el calor del amanecer mientras Moses, nuestro guía y conductor, se empeñaba en desperezarnos cayendo en todos y cada uno de los baches que aquella senda nos brindaba.

Salimos a campo abierto justo a tiempo para contemplar la salida del sol. Como esperaba, mi ánimo se elevó a la misma velocidad que lo hacía el astro rey. Mientras tanto, Moses escudriñaba el horizonte con sus viejos prismáticos.

—Mirad a la derecha —nos indicó con parsimonia mientras se recostaba satisfecho contra su asiento.

Una esbelta y lejana figura caminaba mientras el sol nos deslumbraba con las primeras luces de la mañana. Se trataba de un felino de patas estilizadas, larga cola y cabeza menuda. No había duda: era un guepardo, el mamífero más rápido del planeta.

El elegante felino campaba en soledad a través de una amplia llanura, observando en derredor atento a la presencia de posibles presas o potenciales enemigos.

—Está buscando comida —dijo Moses con total seguridad mientras el animal se encaramaba a lo alto de un montículo formado por la base de un viejo termitero.

Hierático, su mirada estaba fija en un lejano punto de la pradera. Miramos en esa misma dirección a través de nuestros prismáticos para descubrir a un grupo de herbívoros que pastaban a cerca de un kilómetro de distancia. El guepardo inició su aproximación; y nosotros con él. Al cabo de unos minutos, pudimos identificar a aquellos lejanos animales como un pequeño grupo de gacelas Thompson, una de las presas predilectas del guepardo. Tanto es así, que bien puede decirse que estas gacelas han desarrollado su velocidad y agilidad para escapar de sus garras. ¿Intentaría nuestro guepardo capturar a una de aquellas escurridizas gacelas?

La posibilidad de asistir en directo al espectacular y fulgurante duelo de velocidad entre una gacela Thompson y un guepardo prometía ser una experiencia digna de ser vivida y difícil de olvidar. Atentos a los movimientos del depredador, optamos por seguirlo desde una buena distancia. Nos preocupaba que nuestra presencia pudiera dar al traste con su búsqueda de alimento.

NACIDO PARA CORRER

Para la mayoría de personas, el guepardo es un animal exclusivo de África. Pocos saben que, por extraño que pueda parecernos hoy, el registro fósil indica que la especie tuvo sus orígenes en Norteamérica. El guepardo americano, emparentado con los pumas y conocido por los paleontólogos como *Miracionyx*, tenía una altura de 90 centímetros hasta la cruz y un peso de 70 kilos. Cazó en las grandes llanuras norteamericanas durante el Pleistoceno y desde allí, hace 100 000 años, migró a través de la Beringia hacia Asia y Europa para llegar finalmente a África.

Posteriormente, la especie conocida como guepardo gigante (*Acinonyx pardinensis*) evolucionó fuera de África y pobló Europa y el norte de Asia. A la luz de sus fósiles, su gran tamaño de 1'20 metros de altura y un peso de 120 kilos le impedían correr tan deprisa como sus parientes actuales. Desapareció hace 500 000 años dejando como único heredero al guepardo actual *(Acinonyx jabatus)* repartido entre Asia y África.

Cuando esta especie fue descrita por primera vez por Johann Christian Daniel von Schreber en 1775, quedó patente que era diferente al resto de grandes felinos. No puede rugir, tiene una cabeza pequeña, de cráneo ligero y cara plana que reduce la resistencia al aire. Su cuerpo es estrecho y ligero, con huesos finos y largos, patas y piernas delgadas y músculos especializados, que actúan simultáneamente para acelerar y permitir una mayor oscilación de las extremidades. Además, posee garras semirretráctiles que le proporcionan tracción adicional cuando corre, igual que los tacos de un velocista.

En definitiva, es una criatura diseñada para correr y para hacerlo muy rápido. Su morfología aerodinámica le permite alcanzar velocidades de 110 kilómetros por hora. La energía necesaria para alcanzar velocidades tan altas nace en el interior de su cuerpo, con un corazón de mayor tamaño que del resto de felinos, grandes bronquios, pulmones y arterias. Finalmente, su larga cola de casi 90 centímetros le permiten realizar rápidos quiebros durante la carrera sin perder el equilibrio. Sin embargo, el guepardo no es un corredor maratoniano; su explosividad es inversamente proporcional a su resistencia. A pesar de su físico especializado, el guepardo solo puede correr entre 300 y 400 metros antes de agotarse.

Avanzando contra el viento, nuestro guepardo había logrado acercarse lo suficiente a sus presas sin que estas huyeran. De nuevo inmóvil, se relamió al tiempo que cerró los ojos con fuerza como si intentara concentrarse en la compleja empresa que estaba a punto de acometer. Había llegado el momento, solo tendría una oportunidad. Un duelo de poder a poder.

Tras un par de tímidas zancadas, el felino empezó a acelerar provocando la histérica estampida de las gacelas que, como activadas por un resorte, corrieron en todas las direcciones en zigzag intentando confundir a su enemigo. Nuestras cámaras disparaban una ráfaga tras otra cual pelotón de fusilamiento mientras la emoción se apoderaba de todos los que observábamos desde el interior del jeep. Por desgracia, el lance no duró demasiado. El guepardo apenas tardó unos segundos en aminorar la marcha y darse por vencido, mucho antes de acercarse si quiera a su velocidad punta. Había iniciado la carrera demasiado pronto, demasiado alejado de su objetivo, lo que había permitido a las gacelas sacarle una ventaja más que suficiente para escapar.

Finalmente, el guepardo se detuvo en mitad de la nube de polvo levantada por la huida de las gacelas. Sentimos decepción y compadecimos a aquel depredador jadeante que observaba cómo el desayuno se le escapaba a toda velocidad mientras se retiraba a los arbustos cercanos agitando violentamente su larga cola en un gesto que se nos antojó de completa frustración.

EL CAZADOR MÁS DESEADO

La espectacular velocidad punta del guepardo no ha pasado inadvertida a nuestra especie. En África, los chamanes bosquimanos comían carne de guepardo para absorber su velocidad durante sus trances chamánicos. Ya desde la Antigüedad, numerosos pueblos domesticaron guepardos para cazar y disfrutar de la innegable belleza de sus carreras o simplemente para mantenerlos como excéntricas mascotas que evidenciaran el elevado estatus de su propietario.

En el Antiguo Egipto, la iconografía y los textos jeroglíficos demuestran que los guepardos fueron importados desde latitudes más meridionales y mantenidos como mascotas para pronto pasar a formar parte de su rico panteón. Dada su velocidad y belleza, el guepardo pasó a convertirse para la religión egipcia en un *psicopompo*, uno de los seres divinos encargados de transportar el alma del faraón al mundo de los muertos.

Posteriormente, la caza con estos veloces felinos causó furor en Europa y especialmente en Asia. En China, pinturas de la dinastía Tang indican que se cazó con guepardos, al menos entre el siglo VII y el X. Pasajes de la antigua literatura persa cuentan cómo se cazaba con guepardos adiestrados llamados *Yüz* en tiempos de la dinastía Sasánida. En Arabia, esta práctica habría empezado tan pronto como en la segunda mitad del siglo V y árabes son los tratados más completos sobre la captura y entrenamiento de los guepardos cazadores.

Pero fue en la India donde la caza con guepardos alcanzó su máximo apogeo. Su principal impulsor fue el emperador mogol Akbar que gobernó la India desde 1556 hasta 1605. Su pasión se inició a los trece años, cuando recibió como regalo uno de estos felinos perteneciente a la subespecie asiática *Acinonyx Jubatus Venaticus* perfectamente entrenado para cazar. A lo largo de su vida, Akbar dedicó buena parte de su tiempo a cazar y a perfeccionar el entrenamiento de sus adorados guepardos imperiales conocidos como *Khasa* y de los que se dice que llegó a tener 1 000 ejemplares.

El furor de la caza con guepardos en India, Arabia e Irán diezmó las poblaciones silvestres de la subespecie asiática. Dada la dificultad de criar guepardos en cautividad, a principios de 1900, India e Irán comenzaron a importar guepardos de África con fines cinegéticos. Sin embargo, esto no evitó la práctica extinción del guepardo asiático. Los últimos testimonios de caza con guepardos en Asia datan de los años 40 del siglo pasado, coincidiendo con la desaparición de la especie de la mayor parte del continente. En la actualidad y según los últimos censos, apenas quedan entre 60 y 100 individuos arrinconados en las remotas y resecas llanuras de Irán.

Por lo que respecta a Europa, a partir del XIII se encuentran las primeras referencias al uso de estos elegantes gatos en las cacerías europeas. Para la siguiente centuria y hasta el siglo XV, la moda se había extendido ampliamente entre la aristocracia y monarquías de Europa occidental.

En 1291, una comitiva liderada por el caballero cruzado inglés Geoffrey de Langley llevó como regalo diplomático a Borgoña un guepardo persa. También tenemos registro de la presencia de cuidadores de guepardos en la corte de Felipe el Hermoso entre 1297 y 1305.

España también sucumbió a esta moda, probablemente heredada de los musulmanes que dominaron la Península Ibérica durante casi 800 años. En el siglo XIV se entrenaban guepardos en casas de fieras de Aragón y Navarra y en 1412, la caza con guepardos se menciona en una carta escrita por Fernando de Antequera.

En el siglo XV, el guepardo se vuelve un motivo recurrente en la iconografía italiana, especialmente en Lombardía, donde el felino es representado en ilustraciones, frescos y manuscritos. No en vano, durante ese siglo su uso en la caza se popularizó en la mayoría de cortes principescas del país para, desde ahí, extenderse hasta Francia, donde se practicó por monarcas y nobles durante el siglo XVI.

El siglo XVII marcó el progresivo declive de esta exótica moda. Su mención en las fuentes se va tornando cada vez menos habitual. El fin de esta práctica en Europa parece haber sido multicausal. Desde el aumento de la sensibilidad hacia los animales salvajes heredado del Renacimiento hasta el desarrollo de las casas de fieras que preferían exhibir felinos más grandes como tigres y panteras pasando por la reducción de los contactos con cortes orientales, principales suministradores de estos guepardos cazadores.

🏔 LOS 5 MAGNÍFICOS

Descubrimos un par de guepardos descansando a la sombra de una acacia. Me sorprendió que se tratara de dos machos adultos.

—¿Habéis oído hablar de los Tano Bora? —nos preguntó Joseph.

Los Tano Bora fue un grupo de cinco machos de guepardo que formaron una de las coaliciones más famosas y recordadas de África. Vivían en Masái Mara y su nombre en swahili significaba «los cinco magníficos». Del mismo modo, cada uno de sus integrantes fue bautizado por los guías locales. Olpadan, Leboo, Winda, Olonyok y Olarishani captaron la atención internacional y demostraron que los machos de guepardo eran mucho más sociables de lo que se pensaba. Irrumpieron en el Mara procedentes de una reserva cercana a finales de 2016. En unos pocos meses, Olpadan destacó como el más dominante de los cinco hasta que en junio de 2021 se separó de sus compañeros.

Poco tiempo después, el antiguo líder volvió al territorio de sus camaradas para ser rechazado por estos. Era un aviso que no supo captar. Al resistirse a abandonar el territorio del que un día fue el líder, un segundo ataque acabó con su vida.

Tras la muerte de Oldapan, los Nne Bora («los *cuatro* magníficos») siguieron adelante con Olarishani y Winda liderando el cuarteto. A principios de febrero de 2022 Olarishani fue visto con graves mordeduras en el cuerpo. Pese a la intervención de los veterinarios de Masái Mara, Olarishani fue encontrado muerto el 13 de febrero de 2022. Poco después, desapareció Leboo, dejando solos a Winda y Olonyok. Estos eran los guepardos que estábamos viendo, los Mbili Bora («los *dos* magníficos»), Winda y Olonyok, los restos de una coalición única de guepardos inmortalizada en multitud de fotos y documentales que, en aquel verano de 2022, se acercaba poco a poco a su final definitivo.

🐾 EL LLANTO DE UNA MADRE

Tuve que regresar varias veces a África para poder ver a un guepardo cazar. Como puede suponerse, fue algo vibrante. Tan rápido que apenas nos dio tiempo a verlo, mucho menos a filmarlo. En apenas unos segundos, una hembra logró atrapar una gacela Thompson a la que había sorprendido descansando. Cobrada la presa, se retiró bajo la sombra de unos arbustos para empezar a comer en paz.

—¡Fantástico! Podemos irnos. Dejémosla tranquila —le dije a Joseph.

Cuando nuestro guía dio al contacto, el motor empezó a emitir un ruido agónico que no presagiaba nada bueno. Tras varios intentos, Joseph se giró hacia nosotros para confirmar nuestras sospechas:

—El motor ha muerto.

Muy oportunamente, el motor se había averiado justo al lado del lugar done la hembra de guepardo acababa de matar. La depredadora estaba a la vista, ajena a nuestros problemas mientras empezaba a alimentarse de las vísceras de su presa.

—Habrá que empujar —dije resignado.

Sin perder de vista al felino, bajamos hasta la parte trasera del vehículo. Afortunadamente, el motor respondió, y cuando este se puso en marcha, la guepardo interrumpió su banquete para observarnos fijamente. No se movió un centímetro de su almuerzo, pero su penetrante mirada fue suficiente para hacer que nos apresuráramos a volver al coche.

Mientras retomábamos la marcha dejando atrás a la preciosa velocista, observé una última vez su hermoso rostro. En él, destacaban las rayas negras que nacían en sus ojos ambarinos y caían por sus mejillas. La ciencia dice que le sirven para evitar los reflejos del sol. Personalmente, prefiero una leyenda zulú que me contaron hace tiempo en Namibia:

«Un cazador observó a la sombra de una acacia cómo una hembra de guepardo cazaba una gacela saltarina. El cazador siguió a la guepardo mientras esta arrastraba a su presa hasta un árbol cercano donde fue recibida con júbilo por sus tres cachorros. Al observar la escena, el cazador tuvo una idea. Si se hacía con uno de los cachorros, podría entrenarlo para que cazara para él. Así, esperó hasta que la madre se retiró a beber y, como una serpiente, reptó hasta el cubil donde descansaban los pequeños. Al encontrarse frente a ellos, el cazador fue incapaz de decidirse por uno solo, así que robó los tres.

Cuando la madre regresó y descubrió que sus hijos habían desaparecido, comenzó a buscarlos desesperadamente, pero en vano. Abatida, la guepardo se deshizo en llanto hasta que sus lágrimas hicieron que unas manchas oscuras corrieran por sus mejillas. El amargo lamento de la madre guepardo fue finalmente escuchado por un anciano zulú, que decidió investigar qué había pasado.

El anciano no tardó en darse cuenta de lo que el cazador había hecho e inmediatamente informó de la situación al jefe de la aldea, quien desterró al ladrón de por vida al tiempo que le confiscó los cachorros robados. A continuación, el jefe ordenó al anciano devolver los cachorros a su madre. La guepardo, feliz por recuperar a sus hijos, dejó de llorar. Sin embargo, las marcas de sus mejillas quedaron marcadas en su rostro para siempre».

EL HERMOSO *NSUI FISI*

—¿Has oído hablar del guepardo real? —me preguntó Joseph mientras observábamos la hermosa piel del ejemplar que teníamos frente a nosotros.

—Sí, pero nunca he visto uno y sinceramente no creo que jamás vaya a verlo. Al menos en libertad —respondí con sinceridad.

—Yo vi uno hace unos años en Sudáfrica. Es una bestia preciosa, mucho más que el guepardo común.

Efectivamente, el guepardo real es probablemente uno de los felinos más hermosos del mundo y también uno de los más extraños, una más de las muchas rarezas de la fauna africana. En 1926, el mayor destinado en Rhodesia del sur (actual Zimbabwe), Alan Cooper, escribió sobre su encuentro con un extraño animal al que los nativos llamaban *Nsui fisi* y que aseguraban era un cruce entre un leopardo y una hiena. La creencia local aseguraba que *Nsui fisi* visitaba los poblados por la noche para devorar cabras y ovejas. Según Cooper, este ser era semejante a un leopardo, pero algo más alto, rayado, no manchado y con una huella que mostraba garras fijas como las de la hiena, no retractiles como las del leopardo.

Cooper encontró una piel de la misteriosa criatura de la que envió fotos al Museo Británico de Historia Natural. Allí, Reginald Innes Pocock, experto en felinos, la identificó como perteneciente a un leopardo de pelaje aberrante. El veredicto no satisfizo a Cooper. Por ello, optó por enviar la propia piel a Pocock al tiempo que le comunicaba la existencia de otras cuatro pieles similares. Finalmente, el propietario de la misteriosa piel fue catalogado como una nueva especie de guepardo, *Acinonyx rex:* el guepardo real.

Poco después, en 1929, el guepardo real fue reclasificado como el único miembro de un nuevo género, diferente al del guepardo común: *Paracinonyx rex.* Los avistamientos de esta supuesta nueva especie cesaron hasta que, en 1974, un ejemplar fue fotografiado en el sudafricano Parque Nacional de Kruger. Tres años después, el matrimonio formado por Paul y Lena Bottriell decidió emprender una expedición por África austral en busca del escurridizo *Nsui fisi*.

Así, en 1978 los Bottriell iniciaron su búsqueda de un año en el parque de Kruger, intentando dar con el ejemplar fotografiado en 1974 mientras buscaban algunos más. Para ello utilizaron globos aerostáticos e involucraron a los visitantes del parque a los que les entregaron copias de la foto tomada en 1974 pidiéndoles que estuvieran atentos a posibles avistamientos y que, de producirse, marcaran en un mapa dónde tuvieron lugar. La expedición generó una gran expectación mediática por todo el mundo, pero produjo escasos resultados.

En 1986, los Bottriell volvieron al Kruger cuando dos jóvenes guepardos reales fueron avistados en el territorio que la expedición había rastreado años antes.

Seis años después, se produjo el primer avistamiento fuera del área de estudio al tiempo que una piel mal conservada apareció en la frontera entre Benín y Burkina Faso. ¿Pertenecía a un guepardo abatido en la propia región o se trataba de una piel que había viajado por el continente? Los Bottirelli se desplazaron a tomar muestras de ADN de la piel y empezaron a elaborar la teoría de que el patrón de los guepardos reales podría haber sido el original de la especie. Entre 1992 y 1993, el matrimonio volvió a Sudáfrica y por fin obtuvieron imágenes de un grupo de cuatro guepardos adultos: dos reales y dos comunes. Esta imagen dio la vuelta al mundo y fue portada de National Geographic. La propia Margareth Thatcher quedó fascinada por la exótica belleza de *Nsui fisi* y visitó Sudáfrica en compañía de los Bottriell para observar al insólito cuarteto.

Hoy sabemos, gracias a los estudios genéticos, que el guepardo real no es una especie aparte del común como se pensó en principio, sino una mutación de este. El gen recesivo conocido como *Taqpep* fue identificado como el responsable del fenotipo distintivo de *Nsui fisi* en el que las manchas habituales de su pelaje se fusionan creando rayas. A la luz de este hallazgo, la ciencia empezó a conocer al legendario *Nsui fisi* como *Acynonyx jabatus rex*.

LA AMENAZA INVISIBLE

En 1900, cerca de 100 000 guepardos corrían desde África austral hasta la lejana Persia. En la actualidad, su población se estima entre 10 000 y 12 000 ejemplares incluyendo a sus efectivos en cautividad. En Asia prácticamente se ha extinguido mientras que en África es el felino más escaso. En algunos puntos del continente, la población ha caído un 85% en los últimos veinte años. Su biología especializada requiere de grandes extensiones de terreno para poder desarrollar su técnica de caza basada en su asombrosa velocidad. Por ello, el guepardo se ha visto gravemente afectado por la pérdida de su hábitat a causa de la construcción de infraestructuras, la transformación de las sabanas en tierras de cultivo y pasto y el consecuente conflicto con los ganaderos.

Pero la peor amenaza para esta especie, es invisible.

La investigación genética ha demostrado que las poblaciones actuales de guepardos son descendientes de aquellos que sobrevivieron a la extinción masiva del Pleistoceno. Después de aquel catastrófico evento, la población quedó reducida y abocada a la endogamia. La extinción de los guepardos norteamericanos también contribuyó significativamente al empobrecimiento del acervo genético de la especie. Este se manifiesta concretamente en el gen AKAP4, que conlleva alteraciones en el desarrollo de los espermatozoides lo que equivale al bajo éxito reproductivo de la especie, un incremento de la mortalidad juvenil, y un aumento de la vulnerabilidad a las enfermedades infecciosas.

Por lo tanto, más que la pérdida de su hábitat y más que la caza furtiva, la principal amenaza para el majestuoso guepardo es la endogamia. Resulta imperativo ampliar su variabilidad genética. Uno de los métodos más interesantes para lograrlo consiste en la reintroducción de material genético de guepardos que murieron tiempo atrás, pero de los que se conservan muestras biológicas. Así se hace en Namibia, donde desde 2002 se almacenan muestras congeladas en un biobanco para su uso futuro. También se conservan óvulos de viejas hembras ya incapaces de reproducirse. Estos pueden fertilizarse *in vitro* e implantarse posteriormente en hembras más jóvenes y fértiles y, de este modo, reintroducir genes en la población actual.

Finalmente, abandonamos a aquel guepardo solitario esperando que aquella oportunidad errada al amanecer no fuera la última. De seguir así las cosas, puede que los guepardos africanos y asiáticos sigan el mismo destino que sus antepasados americanos y europeos. Están adaptados a unas condiciones que sufren unos cambios demasiado rápidos incluso para el más veloz de los mamíferos. Nos retiramos esperando que aquella carrera fallida que acabábamos de presenciar no fuera una metáfora de una especie agonizante que corre contra el tiempo.

15
EL UNICORNIO AFRICANO

Recuerdo vivamente cuando a los 14 años visité por primera vez el célebre zoo de Londres. Era invierno, por lo que la mayoría de animales, especialmente los procedentes de climas cálidos, se resguardaban del frío y la humedad londinenses en el interior de establos debidamente climatizados. En uno de estos cálidos refugios, un extraño animal rumiaba heno ante el asombro de los visitantes. Para la mayoría, era la primera vez que lo veíamos. Sus cuartos traseros con rayas blanquinegras recordaban inequívocamente a los de las cebras, pero el resto de su cuerpo era de un hermoso marrón y su cabeza, aunque blanca, era similar a la de las jirafas. Aquella criatura, tan bella como extraña, era un okapi, a buen seguro el mamífero más extraño de África.

⛰ SORPRESA EN ITURI

Con frecuencia se ha calificado al okapi como el unicornio africano. La suya es la historia de un enigma llena de rumores y búsquedas frustradas. En 1871, Henry Morton Stanley, quien a la postre se convertiría en uno de los exploradores más importantes del continente, realizó su primer viaje a África para encontrar al extraviado y célebre Dr. David Livingston. Después de cumplir con su misión, el sanguinario rey belga Leopoldo II lo contrató para explorar la selva de la cuenca del Congo. Allí, los pigmeos M'buti hablaron a Stanley de un misterioso animal herbívoro que de vez en cuando caía en sus trampas.

Stanley nunca logró dar con el animal en cuestión. El honor de ser el primer occidental en ver un okapi vivo puede que corresponda al explorador francés, capitán Jean Baptise Marchand, quien describió en su diario el encuentro que tuvo en la provincia de Ituri con un extraño antílope, desconocido hasta la fecha.

Siguiendo el relato de Stanley, el alto comisionado británico de Uganda y miembro de la Sociedad Zoológica de Londres, Sir Harry Johnston, realizó en 1900 una expedición a la selva congoleña para rastrear a la misteriosa criatura.

A pesar de lo infructuoso de la búsqueda, los pigmeos M'buti le dijeron a Johnston que conocían al esquivo animal como *O'api* y que era un animal con cuartos traseros rayados, pero con la parte superior del cuerpo de color marrón oscuro. Tras escuchar los testimonios de los M'buti, Johnston pensó que el *O'api* debía ser alguna especie de équido selvático emparentado por tanto con las cebras, burros y caballos. Posteriormente, Johnston logró obtener dos cueros rayados que envió al Dr. Philip Lutley Sclater, secretario de la Sociedad Zoológica de Londres. Dichas pieles fueron exhibidas en una reunión de la sociedad a finales de ese mismo año y, a principios de 1901, Sclater bautizó al fantasma de Ituri como *Equus johnstoni* debido a sus aparentes similitudes con la cebra.

🏔 UN FÓSIL VIVIENTE

Algunos meses después, Harry Johnston recibió una nueva piel, esta vez completa, y dos cráneos similares a los de una jirafa que fueron hallados en el bosque de Semliki, en el protectorado británico de Uganda. A la luz de este nuevo y singular hallazgo, Johnston pensó que el *O'api* debía tratarse de un pariente prehistórico de las populares jirafas. Por ende, propuso que el nombre científico de la nueva especie fuera *Helladotherium tigrinum*. *Helladotherium* fue un género extinto de jirafas de cuello corto que poblaron África, Asia y Europa durante el Mioceno. Según Johnston, *O'api* era el último miembro vivo de este género y, por tanto, un ancestro de las jirafas que divergió de estas, conservando la anatomía original del género.

Con esta nueva hipótesis, envió la piel y los cráneos a Inglaterra junto a una acuarela de cómo debía ser, según su criterio, el aspecto de esta pequeña jirafa de bosque. A finales de 1901, el zoólogo británico Sir Edwin Ray Lankester acuñó el nombre definitivo: Okapi. Su nombre científico fue *Okapia johnstoni*, en honor a su nombre indígena y a Sir Harry Johnston.

ﾑﾑﾑ ESPÍRITU DE LA SELVA

Diez años después de mi primer encuentro con un okapi en Londres, me encontraba al borde del bosque de Semiliki, en la frontera entre Uganda y la República Democrática del Congo. Semiliki es una de las selvas más antiguas del planeta. Originada durante la última glaciación, era lógico que un lugar tan ancestral sirviera de refugio a un animal prehistórico en tantos aspectos como el okapi. Resultaba emocionante pensar que quizás, oculto en aquella intrincada espesura esmeralda, vagaba un okapi solitario.

—He leído sobre este lugar. Puede que un okapi nos esté observando entre esos árboles. ¿Te lo imaginas? Qué pena no tener tiempo para adentrarnos a buscarlo.

Dennis sonrió con cierta pena.

—Los hubo. Aquí había okapis hasta no hace mucho. Pero desde los 70, todo lo que se oye de ellos por aquí no son más que rumores. Los biólogos han llenado la selva de cámaras trampa, han captado a todos los mamíferos que viven en ella, pero ni un solo okapi. Según los pigmeos Batwa, llevan sin ver uno en este territorio desde hace más de 40 años. Es una pena y un problema para la especie. Aquí en Uganda podríamos protegerlos mejor, el Congo tiene muchos problemas.

Efectivamente, el okapi mora en uno de los lugares más inestables del mundo. La República Democrática del Congo, el antiguo Zaire, es probablemente el país más rico del mundo en materias primas y, sin embargo, uno de los más pobres, inestables y violentos. Ello ha dificultado el conocimiento del okapi desde su descubrimiento. Esta circunstancia, sumada a su carácter tímido y lo agreste de su hábitat, ha hecho que el okapi sea un gran desconocido, un espíritu de la selva del que apenas sabemos.

En 1986 John y Terese Hart iniciaron un estudio de cinco años sobre la ecología del okapi en el bosque de Ituri, marcando 11 ejemplares con collares transmisores para rastrear sus actividades a través del bosque. La investigación mostró que el okapi era único entre los mamíferos de Ituri al tener una dieta compuesta predominantemente por hojas y brotes jóvenes de un amplio abanico formado por más de un centenar de especies botánicas.

Los Hart descubrieron también que el principal enemigo del okapi era el leopardo. Tres de los 11 ejemplares estudiados murieron bajo las garras del felino manchado y el resto presentaba cicatrices de zarpazos.

Dadas las dificultades de estudiarlos en estado salvaje, gran parte de nuestro conocimiento sobre la especie se basa en la cría en cautividad. Okapis como el que encontré en el zoo de Londres nos han enseñado aspectos tales como la longevidad, en torno a los 30 años, la madurez sexual que alcanzan en torno a los dos o la duración de la gestación de unos 420 días.

SALVAR A UN SÍMBOLO

A pesar de su timidez y de lo difícil de su estudio, el okapi no tardó en convertirse en un emblema cultural y nacional del bosque de Ituri y de la República Democrática del Congo. Su rostro aparece en el logotipo del Instituto Congoleño para la Conservación de la Naturaleza y en el de una de las principales emisoras radiofónicas congoleñas, mientras que su figura decora sellos y los billetes de 50 céntimos del país.

Para los aproximadamente 5.000 pigmeos M'buti que llevan compartiendo el bosque con este animal desde hace milenios, el okapi es sagrado. Para ellos, es tabú dañarlos ya que encarnan a espíritus tutelares de la selva. El ancestral conocimiento que los pigmeos tienen del bosque y su capacidad para desplazarse ágilmente a través de este es fundamental para la conservación del okapi y su hábitat. Así, llevan años asistiendo a los biólogos en los rastreos, avistamientos y toma de muestras.

Para intentar asegurar la supervivencia de esta joya biológica en la convulsa República Democrática del Congo, se creó en 1992 en Ituri la reserva de Epulu, de 13 700 kilómetros cuadrados y consagrada a la conservación del icónico okapi. En 1996, el lugar fue declarado por la UNESCO como Patrimonio de la Humanidad. Paralelamente, desde 2016, cada 18 de octubre se celebra el Día Mundial del Okapi, creado para alertar de la alarmante situación de la especie y su hábitat.

Sin embargo, la crónica inestabilidad del país ha causado periódicos ataques armados a la reserva que se han saldado con el asesinato del personal, destrucción de las instalaciones y muerte de los okapis.

El okapi es un símbolo de la belleza y misterio de la naturaleza. Uno de esos animales a los que un reducido puñado de seres humanos podrá ver alguna vez en libertad. Quizás sea mejor así y que siga permaneciendo oculto en uno de los últimos lugares realmente salvajes que quedan en nuestro maravilloso, pero ya herido planeta.

EPÍLOGO

A lo largo de estas páginas hemos viajado y descubierto en profundidad a los maravillosos animales africanos. Si algo creo que queda claro a estas alturas es que todavía queda mucho por descubrir. ¿Realmente tiene el hígado de la jirafa propiedades psicotrópicas? ¿Revelará el *Mokele Mbembé* alguna vez su identidad? ¿Acabarán los cocodrilos naranjas de Gabón por dar lugar a una nueva especie? ¿Se asocia el ratel con los pájaros de la miel?

Les invito a maravillarse con África, poner el pie en su suelo y buscar la raíz de todo cuanto allí experimenten. La fauna salvaje africana se encuentra, quizás más que en ningún otro lugar del planeta, cercada. Acorralada por una humanidad que crece desbocada y cuya pobreza le hace depredar sus recursos naturales. Inevitablemente, esto enfrenta a los animales, peligrosos muchos de ellos, con una población humana que no duda en defenderse.

No debemos caer en la trampa de romantizar el exotismo. Vivir cerca de chimpancés, elefantes, leones o leopardos es extremadamente peligroso y en ocasiones se convierte en una auténtica pesadilla. Se trata de un problema de difícil solución. Conservar los últimos reductos salvajes de África sin que las humildes poblaciones locales sufran las consecuencias requiere de un precario equilibrio. Por más que parezca una obviedad, nunca está de más recordar que la riqueza natural de África debe ser gestionada por los propios africanos del mismo modo que en la Península Ibérica hemos salvado al lince, China gestiona la población mundial de pandas gigantes o los Estados Unidos recuperaron al bisonte.

Sin embargo, la tendencia actual parece ser justo la contraria, es decir: mantener la naturaleza africana al margen de los africanos. No debemos ni podemos caer en lo que el historiador francés Guillaume Blanc ha definido acertadamente como «el colonialismo verde». En otras palabras, no es admisible que África quede condenada a ser el edén salvaje que los europeos no supimos o no quisimos conservar en nuestro propio continente. Sería mezquino negar el desarrollo a las poblaciones deprimidas de África solo para que un puñado de blancos con recursos pudieran disfrutar de unas exóticas vacaciones.

Conviene recordar que los primeros parques nacionales africanos fueron creados a partir de 1920 por cazadores blancos europeos. Con la independencia de las naciones africanas, los parques nacionales proliferaron bajo los auspicios de diversos organismos internacionales en detrimento de las poblaciones locales y, muy especialmente, de los pueblos indígenas.

Es deber de todos nosotros intentar convertirnos en viajeros más conscientes y documentados. Debemos conocer para valorar y calibrar las consecuencias de algo, en principio, tan inocuo como un viaje de placer huyendo en cualquier caso de estereotipos, paternalismos o exotismos.

El presente libro nació con varios objetivos: entretener, divertir y, especialmente, informar e incitar a la reflexión. Si las historias protagonizadas por los maravillosos miembros de la maltratada fauna africana, a veces trágicas, a ratos divertidas, sirven para repensar nuestra relación con el mundo natural y con las sociedades africanas, entonces estas páginas habrán cumplido con su misión.

Llegados a este punto, espero que tenga ganas de poner los pies en África y contemplar con sus propios ojos a los protagonistas de estas historias fabulosas.

A ello, no puedo más que decir:

¡Tuende! («¡Vámos!»)

Cataratas Victoria, agosto de 2024.

Bibliografía

Altmann, J., Alberts, S.C., Altmann, S.A. & Roy, S.B. (2002) 'Dramatic change in local climate patterns in the Amboseli basin, Kenya', *African Journal of Ecology*, 40, p. 248.

Baker, C.S., Palumbi, S.R., Lambertsen, R.H., Weinrich, M.T., Calambokidis, J. & O'Brien, S.J. (1990) 'Mitochondrial DNA variation and maternal gene flow among humpback whales', *Nature*, 344, pp. 238–240.

Bauer, H., Nowell, K. & Packer, C. (2008) *Panthera leo*. In: *IUCN Red List of Threatened Species*, v.2012.1. Available at: http://www.iucnredlist.org (Accessed: 11 October 2012).

Begg, C.M., Begg, K.S., Du Toit, J.T. & Mills, M.G.L. (2005) 'Life-history variables of an atypical mustelid, the honey badger *Mellivora capensis*', *Journal of Zoology (London)*, 265, pp. 17–22.

Begg, K.S. & Begg, C.M. (2004) 'Badgers and birds: interaction satisfaction', *Africa – Birds & Birding*, 9(6), pp. 32–41.

Begg, K.S. & Begg, C.M. (2017) *The Honey Badger: Associations*. Available at: http://www.honeybadger.com/associations.html (Accessed: 14 January 2017).

Boesch, C. & Boesch, H. (1989) 'Hunting behavior of wild chimpanzees in the Taï National Park', *American Journal of Physical Anthropology*, 78, pp. 547–573.

Boesch, C. & Boesch, H. (1993) 'Hunting behavior of wild chimpanzees in the Taï National Park', *Proceedings of the National Academy of Sciences*, 90(8), p. 3172. doi:10.1073/pnas.90.8.3172

Boeyens, J.C.A. & van der Ryst, M.M. (2007) 'The cultural and symbolic significance of the African rhinoceros: a review of the traditional beliefs, perceptions and practices of agropastoralist societies in southern Africa', *Pure and Applied Chemistry*, 79(4), pp. 507–519. doi:10.1351/pac200779040507

Brosius, J.P. (2006) 'Common ground between anthropology and conservation biology', *Conservation Biology*, 20, pp. 683–685.

Bruner, E.M. & Kirshenblatt-Gimblett, B. (1994) 'Maasai on the lawn: tourist realism in East Africa', *Cultural Anthropology*, 9, pp. 435–470.

BurnSilver, S.B., Worden, J. & Boone, R.B. (2008) 'Processes of fragmentation in the Amboseli ecosystem, Southern Kajiado District, Kenya'. In: Galvin, K.A., Reid, R., Behnke, R.H. & Hobbs, N.T. (eds) *Fragmentation in Semi-arid and Arid Landscapes: Consequences for Human and Natural Systems*. Dordrecht: Springer, pp. 225–253.

Caro, T. et al. (2019) 'Benefits of zebra stripes: behaviour of tabanid flies around zebras and horses', *PLoS ONE*, 14(2), e0210831. doi:10.1371/journal.pone.0210831

Carruthers, J. (2001) *Wildlife and Warfare: The life of James Stevenson-Hamilton*. Pietermaritzburg: University of Natal Press.

Coughlin, B.L. & Fish, F.E. (2009) 'Hippopotamus underwater locomotion: reduced-gravity movements for a massive mammal', *Journal of Mammalogy*, 90(3), pp. 675–679. doi:10.1644/08-MAMM-A-279R.1

Cunnison, I. (1967) *Giraffe hunting among the Humr tribe*. [Datos incompletos].

Dean, W.R.J., Siegfried, W.R. & MacDonald, I.A.W. (1990) 'The fallacy, fact and fate of guiding behaviour in the Greater Honeyguide', *Conservation Biology*, 4, pp. 99–101.

Dorward, L.J. (2014) 'New record of cannibalism in the common hippo, *Hippopotamus amphibius* (Linnaeus, 1758)', *Communications Biology*. doi:10.1038/ncomms4535

Fincham, J.E., Peek, R. & Markus, M.B. (2017) 'The Greater Honeyguide: Reciprocal signalling and innate recognition of a Honey Badger', *Biodiversity Observations*, 8.12, pp. 1–6. doi:10.1111/aje.12586

Friedmann, H. (1955) *The Honey-guides*. U.S. National Museum Bulletin 208. Washington D.C.: Smithsonian Institution.

Gilbert, D.A. et al. (1990) 'Association of HLA with malignancy in Burkitt's lymphoma', *American Journal of Human Genetics*, 47, pp. 499–514.

Goldman, M.J., de Pinho, J.R. & Perry, J. (2013) 'Beyond ritual and economics: Maasai lion hunting and conservation politics', *Oryx*, 47(4), pp. 490–500. doi:10.1017/S0030605312000907

Goodman, D. (1987) 'Viable populations and the minimum viable population concept'. In: Soulé, M. (ed.) *Viable Populations for Conservation*. Cambridge: Cambridge University Press, pp. 11–34.

James, M. & Osborn, G. (2018) 'The Olympics, transnational law and legal transplants: the International Olympic Committee, ambush marketing and ticket touting', *Legal Studies*, 36(1). doi:10.1111/lest.12095

Kurten, B. & Anderson, F. (1980) *Pleistocene Mammals of North America*. New York: Columbia University Press.

Nys, N. & Bretschneider, J. (s.f.) *Research on the iconography of the leopard*. [Datos incompletos].

Packer, C., Gilbert, D.A., Pusey, A.E. & O'Brien, S.J. (1991) 'A molecular genetic analysis of kinship and cooperation in African lions', *Nature*, 351, pp. 562–565.

Packer, C., Pusey, A.E., Rowley, H., Gilbert, D.A., Martenson, J.S. & O'Brien, S.J. (1991) 'Case study of a population crash in lions', *Conservation Biology*, 5, pp. 219–230.

Peek, B. (2009) *Wild honey*. Johannesburg: Penguin Books.

Peek, B. & Peek, R. (2011) *Beyond the wild wood*. Johannesburg: Penguin Books.

Poling, A. et al. (2019) 'Using trained pouched rats to detect land mines: another victory for operant conditioning', *PLoS Neglected Tropical Diseases*, 13(6), e0007460. doi:10.1371/journal.pntd.0007460

Roque de Pinho, J. (2009) *Staying Together: People–Wildlife Relationships in a Pastoral Society in Transition, Amboseli Ecosystem, Southern Kenya*. PhD thesis. Colorado State University, Fort Collins.

Selous, F.C. (1881) *A hunter's wanderings in Africa*. London: Richard Bentley & Son.

Sinclair, I. & Ryan, P. (2010) *Birds of Africa South of the Sahara.* 2nd ed. Cape Town: Struik Nature.

Spear, T. & Waller, R. (eds) (1993) *Being Maasai: Ethnicity and Identity in East Africa.* Athens: Ohio University Press.

Spencer, P. (2003) *Time, Space, and the Unknown: Maasai Configurations of Power and Providence.* New York: Routledge.

Spottiswoode, C.N., Begg, K.S. & Begg, C.M. (2016) 'Reciprocal signalling in honeyguide–human mutualism', *Science*, 353, pp. 387–389.

Steinhart, E.I. (1989) 'Hunters, poachers and gamekeepers: towards a social history of hunting in colonial Kenya', *Journal of African History*, 30, pp. 247–264.

Stevenson-Hamilton, J. (1954) *Wild Life in South Africa.* London: Cassel & Company.

Sumba, D., Bergin, P. & Jones, C. (2005) *Land Conservation Trusts: A Case Study of Manyara Ranch.* Unpublished report. African Wildlife Foundation, Arusha.

Swofford, D.L. (1985) *Phylogenetic Analysis Using Parsimony (PAUP) Version 2.3.* Champaign, IL: Illinois Natural History Survey.

Tarboton, W. & Ryan, P. (2016) *Guide to the Birds of the Kruger National Park.* Cape Town: Struik Nature.

Van Heukelum, M. (2014) *In search of the illusive Pygmy Hippo: Establishment of methods to determine population structure of Pygmy Hippos in Tai forest, and assessment of their role in seed dispersal, Southern African Humanities*, 26, pp. 21–55.

Vernon, C.J. (1989) 'Greater Honeyguide *Indicator indicator*'.

In: Ginn, P.J., McIlleron, W.G. & Milstein, P. le S. (eds) *The Complete Book of Southern African Birds*. Cape Town: Struik Winchester, p. 400.

Vernon, C.J. & Dean, W.R.J. (2005) 'Greater Honeyguide *Indicator indicator*'. In: Hockey, P.A.R., Dean, W.R.J. & Ryan, P.G. (eds) *Roberts Birds of Southern Africa*. 7th ed. Cape Town: The Trustees of the John Voelcker Bird Book Fund, pp. 123–124.

Wildt, D.E. et al. (1987) 'Reproductive and genetic consequences of founding isolated lion populations', *Nature*, 329, pp. 328–331.

Wolhuter, H. (1947) *Memories of a Game Ranger*. Johannesburg: The Wild Life Protection Society of South Africa.

Wood, B.M., Pontzer, H., Raichlen, D.A. & Marlowe, F.W. (2014) 'Mutualism and manipulation in Hadza–honeyguide interactions', *Evolution and Human Behavior*, 35, pp. 540–546.